くずし字がわかる

あべのせいめい
歌《uta》占《ura》

三十一文字《みそひともじ》で知る神さまのお告げ

平野多恵

柏書房

くずし字がわかる

あべのせいめい 歌《uta》占《ura》

三十一文字《みそひともじ》で知る神さまのお告げ

平野多恵

柏書房

はじめに

ことばにはふしぎな力がある。ずっとむかしから、そう信じられてきました。その力を「言霊《ことだま》」といいます。ことばには霊的な力がやどり、口から発すると、そこに秘められた力がはたらいて、ことばにしたことが現実になるというのです。

子どものころ、道ばたや公園でつまずいて手足をすりむいたとき、お母さんが傷にそっと手を添えて「痛いの痛いの飛んでけ～」と言ってくれた記憶はありませんか。そのことばで、なぜか痛みが軽くなった気がする、それこそが言霊、呪文の力です。

日本最古の歌集である『万葉集』には、「大和の国」は「言霊の幸《さき》はふ国と語り継ぎ言い継がひけり」という山上憶良の歌がおさめられています。「幸はふ」は助けるという意味です。千三百年も前から日本は言霊が助けてくれる国だと言い伝えられてきました。

あなたがこの本を手に取ったのは占いに興味があるからでしょうか？　それとも、くずし字を読めるようになりたいと思ったからでしょうか？　その両方かもしれませんね。

じつは占いは言霊と深くかかわっています。どうして占いと言霊がかかわるんだろうと思ったかもしれませんが、そもそも「占」という字は、占うことを意味する「卜」と、その結果を口に出す「口」からできたものです。占った結果を口に出すことが「占い」ですから、占いとことばの関係は切っても切れません。

数ある占いの中でも特別なことばをもちいるのが、本書でご紹介する「歌占《うたうら》」です。和歌が書かれたおみくじを神社で引いたことはありませんか。おみくじの和歌は神さまのお告げです。平安時代から、スサノオノミコトが五七五七七、三十一文字の和歌をはじめて詠んだと考えられてきましたし、日本の神さまは人と和歌を交わしてコミュニケーションしてきました。神と人をつなぐ、それが和歌の役割の一つでした。その力を生かしているのが和歌をもちいた占い、「歌占」です。

本の出版が盛んになった江戸時代、人々の生活には占いが欠かせませんでした。ものごとの吉凶、引っ越しの日取りや方角、男女の相性、紛失物や病気など、占いが人々の悩みに答えていました。占い本が多く出版され、歌占の本が何種類もあり、これらの本はくずし字で書かれていました。たとえば、天神が夢で示したとされる『天満宮《てんまんぐう》六十四《ろくじゅうし》首《しゅ》歌占《うたうら》御《み》鬮《くじ》鈔《しょう》』は江戸時代後期に流布したもので、下の図版からわかるように、見開き右側に吉凶と番号、挿絵、和歌、左側に詳しい解説が載っています。

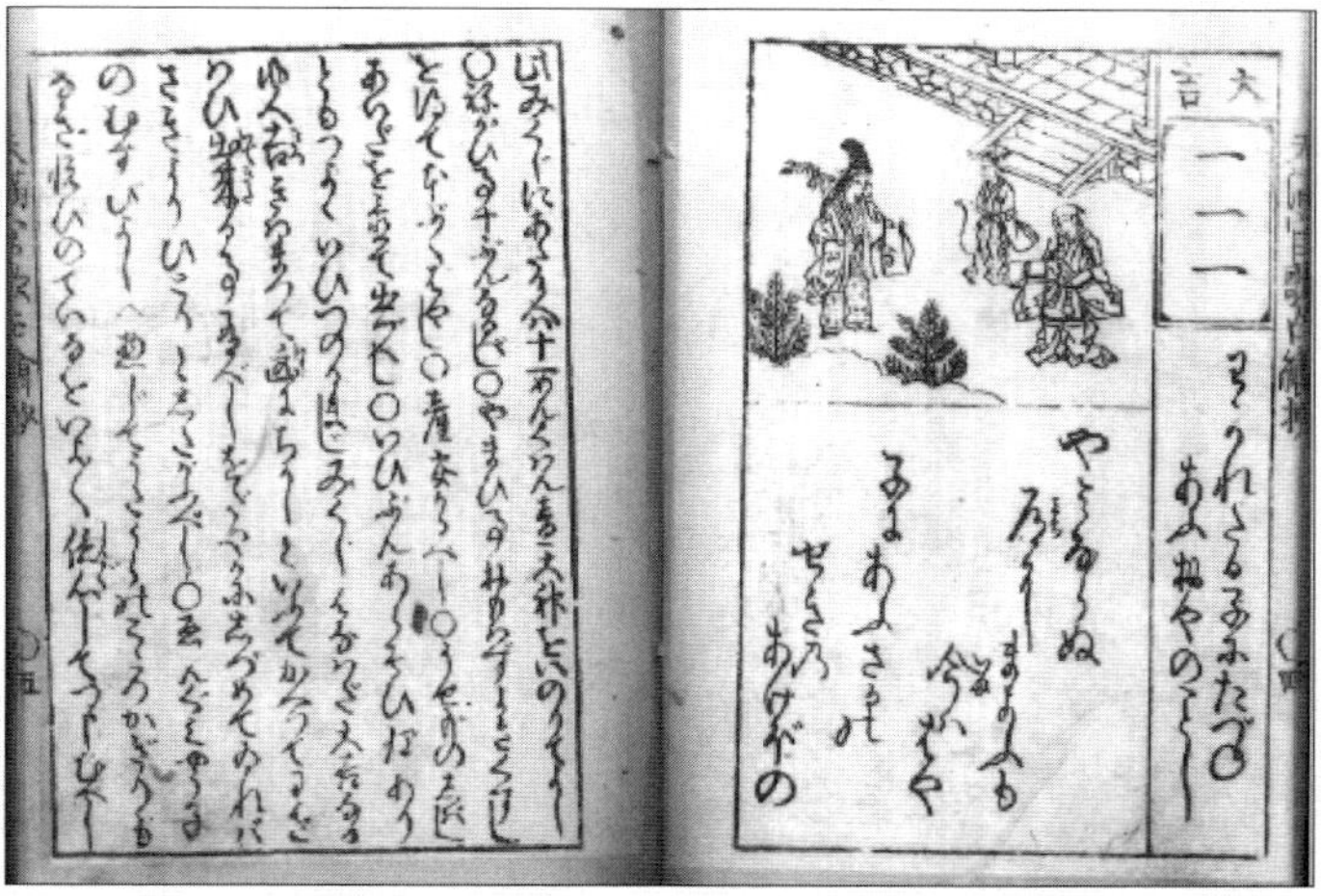

『天満宮六十四首歌占御鬮鈔』

今回ご紹介する『せいめいうた占』も江戸時代後期に流布した歌占本の一つです。「せいめい」というのは平安時代に活躍した陰陽師「安倍晴明」のこと。江戸時代、安倍晴明は占いの名人として知られ、「せいめい」の名がついた占い本が多く出版されていました。この本もその一つで、実際に安倍晴明がつくったものではありませんが、占いの達人である安倍晴明にあやかって、その名を借りています。

『せいめいうた占』で占ってみると、江戸時代の歌が今も私たちの悩みに答えてくれることに驚かされます。江戸時代の歌占本は現代ではそのほとんどが忘れ去られていますが、それではもったいない。だって、その歌は、今を生きるわたしたちの指針になるのですから。そう気づいたとき、ぜひこの占いをたくさんの人に知ってもらいたいと思いました。

そこで、まずは勤め先の成蹊大学のゼミの学生と一緒に、くずし字で書かれた原文を読み、現代語訳して、大学祭で体験してもらえるようにしました。大学祭では、お客さんの引いた歌を学生がマンツーマンで読み解きます。江戸時代のめずらしい和歌占いが体験できるというので人気を博し、お客さんから「占ってもらって元気が出た!」「和歌がこんなにおもしろいと思わなかった」「今の自分にぴったりの歌を引いた」といった声を多くいただいています。

この本は、その歌占をもっと多くの人に気軽に楽しんでいただくために生まれました。各歌の現代語訳はもちろん、占いとしてのメッセージもついています。歌のテーマや挿絵のモチーフなども書いてありますから、ぜひ歌や挿絵を自分の悩みにあてはめて解釈してみてください。現代よりも現実に対する考え方がシビアな江戸時代の占いなので、辛口な歌も多く含まれています。厳しい歌が出たときは、今の自分をふりかえるきっかけとして受けとめるようにしてください。

この本はくずし字を読めるようになりたい人にもおすすめです。この歌占では六十四首から選ばれた一首が自分のための歌になります。自分に助言してくれる歌ですから、その内容を理解したいという気持ちが自然にわいてきて、くずし字を読むモチベーションになると思います。じっくり読み解いていけば、和歌に込められた文字の力を味わうことにもなるでしょう。

すべてのくずし字の横には、仮名のもとになった漢字、いわゆる「字母《じぼ》」が添えてあります。字母を理解すると、くずし字の学習が格段にスムーズになります。まぎらわしい字については注意すべきポイントも書いてあります。後見返しには「くずし字一覧」を付けました。あわせてご活用ください。

くずし字や和歌を読めるようになると、いにしえの世界への扉がひらかれていきます。千年前の人の心に触れたり、現代まで続くもののルーツを探ったり、忘れ去られたものを発掘したり、いままで知らなかったことに光をあてることができるのです。はじめての歌占を楽しみながら、くずし字や和歌に親しんで、いにしえの文化や文学に興味をもってもらえたらうれしく思います。

くずし字をもっと読めるようになりたいと思った人には、『今のことばで覚える初めてのくずし字』『書いておぼえる江戸のくずし字いろは入門』『妖怪草紙　くずし字入門』（いずれも柏書房刊）がおすすめです。ぜひ手に取ってみてください。

歌占を通して、あなたの世界が広がっていきますように。

目次

＊後ろの見返しに「くずし字一覧」を掲載しました。

歌占って何？

歌占Q＆A

歌占は和歌をもちいた占いのこと。現在の和歌のおみくじのルーツの一つです。ここでは歌占やおみくじについて知っておきたいことをQ＆Aの形式で説明します。

・和歌で占うのは、なぜ？

神社のおみくじには和歌が書かれたものが多いのをご存知でしょうか。

おみくじの和歌のルーツをたどると、日本の神スサノオノミコトが三十一文字の和歌を最初に詠んだという伝承にさかのぼります。神話では、スサノオが結婚するときに、これから住む出雲の国を見渡し、新妻を守る気持ちを込めて「八雲立つ出雲八重垣妻籠みに八重垣つくるその八重垣を（雲がわき出て幾重もの垣をめぐらしたように見える。私も妻を住まわせる宮殿に幾重もの垣を作りめぐらそう）」と詠んだと伝えられています。この歌は日本ではじめて詠まれた三十一文字の歌として長く重んじられてきました。

平安時代半ばごろから神から人へのお告げも和歌で示されることが多くなり、人も神に願いを伝えるために和歌を奉納するようになりました。こうした神と人が和歌でコミュニケーションする文化が和歌占いにつながっています。本書の歌占で、占う前に神様の御名や呪文の歌を唱えたり、熊野の神や清水観音のお告げの歌が結果に含まれていたりするのも、その名残です。

・おみくじの吉凶はいつからはじまった？

ほとんどのおみくじには吉凶が書かれています。社寺によって順位や解釈が異なることもありますが、「大吉、吉、中吉、小吉、末吉、凶、大凶」の七つにわけるのが一般的です。

とはいえ、本来、神仏のお告げは吉凶で示されるものではありませんでした。お告げは和歌や漢詩などの詩歌で示されることが多く、その詩歌は悩みに合わせてその都度解釈されていました。それが、江戸時代におみくじや歌占が本として出版されるようになると、一目で結果が理解できるわかりやすさが求められ、吉凶が添えられるようになったのです。

現代でも出雲大社（島根）や明治神宮（東京）のおみくじには吉凶がありません。吉凶は、あくまで神さま仏さまからのお告げの一つの目安。おみくじでいちばん大切なのは、そこに書かれている神さま仏さまのことばです。吉凶にとらわれず、お告げの内容をじっくり読んでみてください。

・どうして六十四首？

江戸時代の和歌占いは六十四首が定番でした。それは和歌占いが易占の影響を受けて生まれたからです。本書のもとになった『せいめい うた占』の序文にも易の六十四卦をふまえて六十四首を集めて歌占と名付けたと書かれています（序文は148ページをご覧ください）。「当たるも八卦、当たらぬも八卦」ということわざがあるように、易占では、陰と陽を組み合わせてできる基本の八つの形「八卦（乾・兌・離・震・巽・坎・艮・坤）」を重ねてできる「六十四卦」が基本とされました。易占の聖典である『易経』も六十四卦から構成されています。

江戸時代に易占が流行し、易の占術書が多く出版されましたが、その中には、六十四卦の内容にあう和歌を添えた本もありました。歌占本はおそらく、このような本の影響を受けて作られたのでしょう。

・安倍晴明は占い名人？

『せいめい うた占』の「せいめい」は平安時代の陰陽師・安倍晴明のことです。その序文には、安倍晴明が唐に渡って伯道上人の弟子となり、占いの伝授を受けたと書かれています。これは晴明の作と仮託される陰陽道書『簠簋《ほき》内伝金烏《ないでんきんう》玉兎集《ぎょくとしゅう》』の由来と重なっており、『せいめい うた占』もその伝承を取り込んでいることがわかります。

江戸時代の晴明は占いの権威として有名で、「晴明」の名をつけた占い本が多く出版されました。その端緒となったのが、江戸時代前期を代表する仮名草子作者の浅井了意による『安倍晴明物語』〔寛文二（一六六二）年刊〕です。これは安倍晴明の一代記の後に天文・日取り・人相の占いを付けたもので人気を博しました。以後、『晴明通変占』『晴明秘伝見通占』『晴明秘伝袖鏡』など、「晴明」の名にあやかる占い本が多く作られるようになったのです。『せいめいうた占』も、そうした占い本の一つです。実際に安倍晴明が書いたものではありませんので、ご注意ください。

この本での歌占の方法

歌占をやってみましょう。以下の方法②③は『せいめいうた占』序に基づいています。

①占いたいことを決める。

占う前に、何が知りたいのかをできるだけ明確にしましょう。自分を主体にした質問にすると、和歌のアドバイスがより有益なものになります。曖昧な質問だと和歌の解釈が難しくなりますので、質問は具体的なものをおすすめします。「今のわたしに必要なメッセージをください」と願うのもよいでしょう。

よい質問例

Aという目標を達成するためには、どうしたらよいですか。

Bさんとの人間関係を改善するために、○○してもよいですか。

悪い質問例

わたしは幸せになれますか。

今年の恋愛運はどうでしょうか。

②天照大神《てんしょうだいじん》・八幡大菩薩《はちまんだいぼさつ》・春日大明神《かすがだいみょうじん》の御名を三回唱えて精神集中する。

「天照大神・八幡大菩薩・春日大明神」は「三社託宣の神」とされ、江戸時代には、この三神の名と託宣をまとめて記した掛け軸を信仰することが流行していました。

③呪歌「いにしへの神の子どもの集まりて作りし占《うら》ぞ正《まさ》しかりける」を一回読み上げる。

自分にふさわしい和歌が引けるように祈るための呪文の歌です。心をこめて読み上げて、次の「引き方」の手順に従ってください。

④和歌を声に出して読み、メッセージを読み解く。
結果の和歌を読み上げてから、歌のテーマやメッセージをじっくり読んで、自分の質問とどうかかわるかを考えましょう。「〜のごとし」というたとえの文の意味や挿絵の内容も解釈の手がかりになります。

引き方

三種類の引き方をご提案します。いずれも三神の御名と呪歌を唱えてから引いてください。

（1）この本だけで占う

本書を手に取り、心を落ち着けて、ここだと思ったページを開きます。開いたところが結果となります。

（2）番号を書いた紙の短冊を引く

袋の中に紙を四枚入れ、そこから一枚を引く方法です。「一」「二」「三」「四」という数字を記した紙の短冊を各一枚用意します。四枚の短冊を一つの袋に入れ、そこから三回引いて三つの数字の組み合わせを得ます。一回引くごとに元の袋に短冊を戻し、常に四枚の短冊から一枚を選ぶようにしてください。

（3）四面ダイスを使う

ダイスを三度振り、一〜四の数字の組み合わせを得る方法です。たとえば、一回目で一、二回目で三、三回目で二が出た場合は、一三二の歌が結果となります。

「歌占のお告げ」の見方

『せいめい うた占』

『せいめい うた占』は江戸時代に出版された歌占本の一つで、占いの結果が和歌で示されています。歌占のルーツは日本の神さまが和歌でお告げを示したことにさかのぼります。

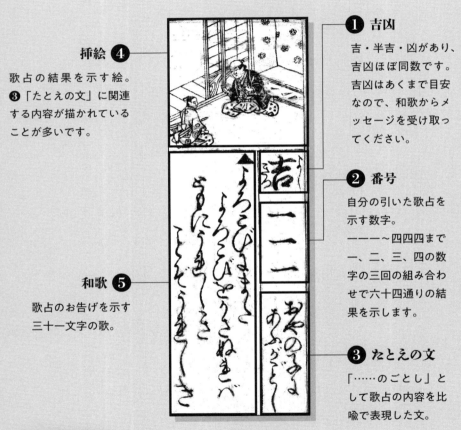

❶ 吉凶

吉・半吉・凶があり、吉凶ほぼ同数です。吉凶はあくまで目安なので、和歌からメッセージを受け取ってください。

❷ 番号

自分の引いた歌占を示す数字。一一一〜四四四まで一、二、三、四の数字の三回の組み合わせで六十四通りの結果を示します。

❸ たとえの文

「……のごとし」として歌占の内容を比喩で表現した文。

挿絵 ❹

歌占の結果を示す絵。❸「たとえの文」に関連する内容が描かれていることが多いです。

和歌 ❺

歌占のお告げを示す三十一文字の歌。

この歌占の見方

この歌占でもっとも大切なのは「お告げ」を示す❺の和歌です。❸たとえの文と❹挿絵は、❺の和歌の内容に関連しています。引いた歌を解釈するときは、❸たとえの文、❹挿絵、❺和歌の内容を手がかりにしてください。

占いの結果ページの見方

20 ページからはじまる占いの結果を示すページの見方を説明します。原文のくずし字を字母と照らし合わせて読めば、くずし字がだんだん読めるようになっていきます。占いの結果をすぐに知りたい人は現代語訳とメッセージからお楽しみください。

白ヌキの「一一一　よろこびに」には、どんな意味があるのか――「一一一」「一二一」などの三つの数字はこの歌占で一・二・三・四の数字を三回引いて歌を選んだ結果を示す番号です。「よろこびに」は和歌の最初の五文字を見出しとしたものです。

「翻刻と字母」――くずし字で書かれた文字を現代の活字に直したもの。横に添えられた漢字は、そのひらがなのもとになった漢字です。仮名文字の母体になったもので「字母《じぼ》」と言われます。

「校訂本文」――原文のひらがなに漢字を当てたり、仮名遣いを歴史的仮名遣いに統一したりして、読みやすく整えたものです。

「現代語訳」――原文の文章を現代語として理解できるようにしたもの。理解しやすいように、文章を補ったところもあります。

「歌のテーマ」――和歌の主題を一言でまとめたもの。和歌の意味するところを大づかみにとらえるのに役立ちます。

「占いメッセージ」――占いの結果の和歌・挿絵・たとえの文から導かれるメッセージをまとめたもの。和歌や挿絵に基づいて書かれていますが、あくまで解釈の一例です。あなたが引いた和歌を自分の状況にあわせて解釈するための参考としてご活用ください。

「挿絵」――挿絵に何が描かれているかを説明したもの。挿絵も占いの結果の一部です。和歌はもちろん、挿絵にもメッセージが込められています。挿絵をよく見て、その絵が自分に何を伝えようとしているのかを考えてみましょう。

「挿絵のモチーフ」――挿絵に描かれた題材。挿絵を解釈するときに参考になりそうなものをあげてあります。

「くずし字のポイント」――くずし字を学ぶときに間違いやすい点、注意したい点について説明したものです。

「参考」――地名、挿絵、和歌の典拠、古文に特有の表現など、この歌占を理解するときに知っておいてほしいことを説明しました。

占いの結果を
見てみよう！

二一　よろこびに

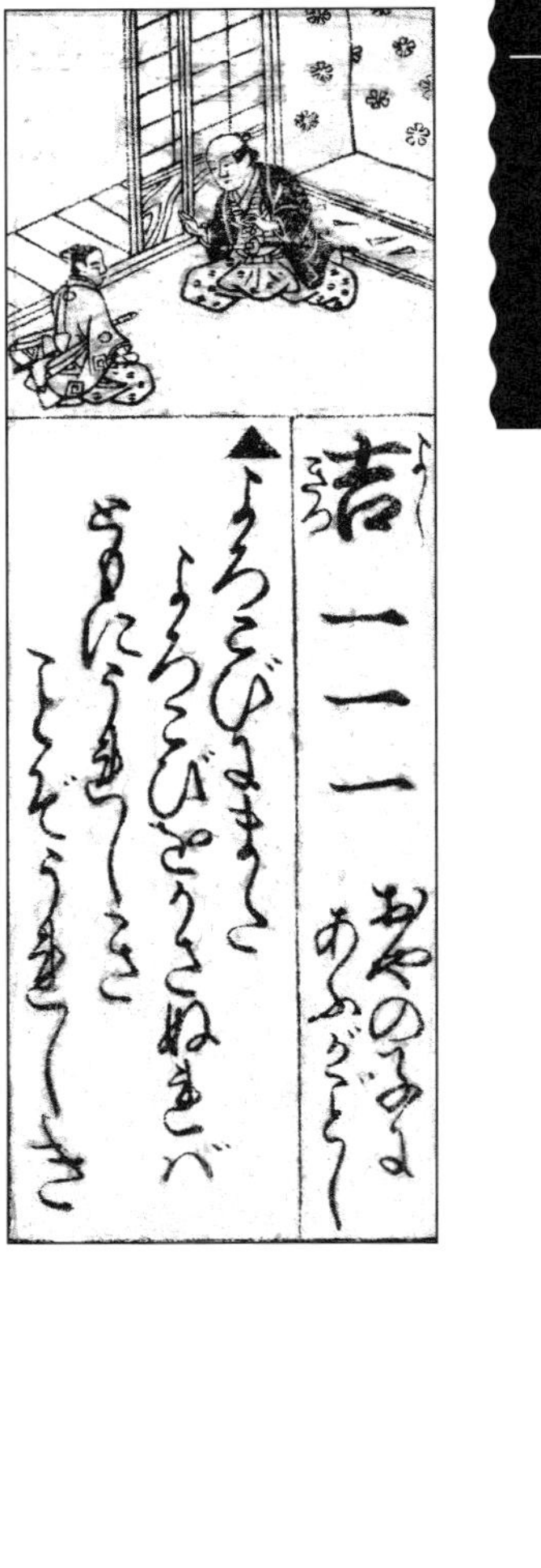

翻刻と字母

吉《よし(与之)きつ(幾川)》　一一一　おやの《於也乃》子に《尓》　あふがごとし《安不可己止之》

▲よろこびにまた《与呂己比尓末多》

よろこびをかさぬれば《与呂己比遠可左奴連八》

ともにうれしき《止毛仁宇連之幾》

ことぞうれしき《己止曽宇連之幾》

校訂本文

吉　一一一　親の子に逢ふがごとし

喜びにまた喜びを重ぬればともにうれしきことぞうれしき

現代語訳

吉　一一　親が子に逢うようなものだ

喜びにまた喜びが重なると、いっしょに喜んで、うれしいことがもっとうれしくなる。

歌のテーマ

再会。喜びの共有。重なり。

占いメッセージ

幸運が重なりそう。これまで大切にしてきたことが実を結び、これからに向けて発展していく兆しがあります。うれしいことがあったときは、それを独り占めせず、誰かとわかちあうとよいでしょう。ただし、一方的な自慢にならないよう、くれぐれも気をつけてください。誰かの幸せを知ったときは一緒に喜ぶと喜びが増し、あなたにも福が舞い込みます。逆に人の幸せに嫉妬の思いを抱いてしまうと福が逃げてしまうので注意が必要です。

挿絵

成長した息子と対面し、喜ぶ父親。

挿絵のモチーフ

桜柄の床の間。黒紋付袴《はかま》に脇差《わきざ》し姿の父親。紋付袴に脇差し姿の子。木目の障子。縁側。

くずし字のポイント

✔「よろこびにまた」の「（多《た》）」は「（己《こ》）」に類似。

一二二　かくばかり

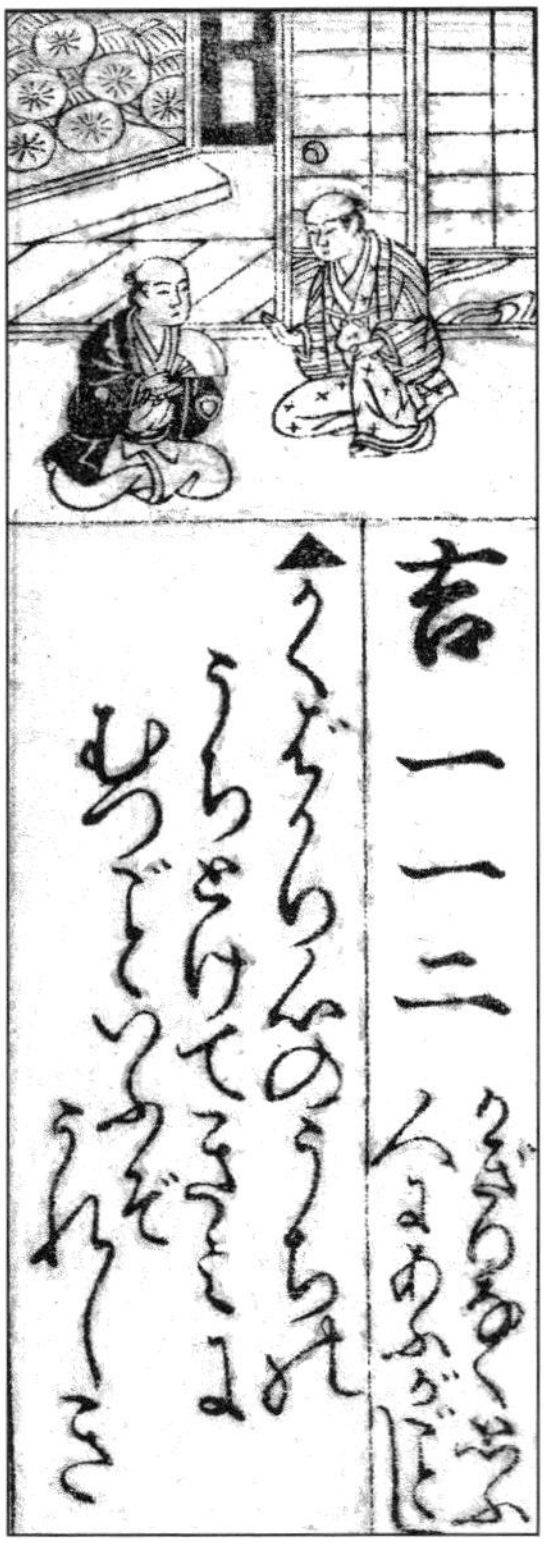

翻刻と字母

吉　一一二　か《可》ぎ《幾》り《利》な《奈》く《久》思ふ《不》　人に《尓》あ《安》ふ《不》が《可》ご《己》と《止》し《之》

▲か《可》く《久》ば《者》か《可》り《利》心の《乃》う《宇》ち《知》の《能》

う《宇》ち《知》と《止》け《計》て《天》き《幾》み《三》に《尓》

む《武》つ《川》ご《己》と《止》い《以》ふ《不》ぞ《曽》

う《宇》れ《礼》し《之》き《幾》

校訂本文

吉　一一二　かぎりなく思ふ人に逢ふがごとし

かくばかり心の内のうちとけて君に睦《むつ》ごと言ふぞうれしき

現代語訳

吉　一一二　この上なく恋しく思う人に逢うようなものだ

これほど心からうちとけて、あなたと二人で睦まじく語り合えるのがうれしい。

歌のテーマ

対話。安心。信頼。

占いメッセージ

心をひらいて話すことが突破口になりそう。信頼のおける人と話すことで、現状が整理され、今抱えている問題を冷静に分析できるようになるでしょう。相談するときは安心できる人と場所を選んでください。達成したい目標がある人は、本音で話すと開運につながります。目の前の相手と信頼関係を築くことができれば、蔵に米俵が積み重なるように、得るものが多くなっていくでしょう。

挿絵

男二人がリラックスした様子で親しく話している。

挿絵のモチーフ

横縞柄の羽織姿の男。黒い羽織姿で扇子を持った男。蔵の中の米俵。木目の障子。

くずし字のポイント

✔「きみに」の「（尓《に》）」は「（与《よ》）」に類似。

✔（心）のくずし字は重要なので覚えましょう。

一一三　もへいづる

翻刻と字母

吉　一一三　とりのはるに《止利乃者留尓》　あふがごとし《安不可己止之》

▲もへいづるくさばは花に《毛部以川留久左者八尓》

なりにけりゆふべ《奈利仁介利由不部》

のどけきくさの《乃止計幾久左乃》

むらく《武良》

校訂本文

吉　一一三　鳥の春に逢ふがごとし

萌え出《い》づる草葉は花になりにけり夕べ のどけき草の叢々《むらむら》

現代語訳

吉　一一三　鳥が春に逢うようなものだ

芽吹いた草木が花を咲かせたなあ。なんとのどかな夕暮れの野原だろう。

歌のテーマ

はじまり。出会い。平穏。

占いメッセージ

春を迎えて鳥たちが楽しそうに飛びまわるように、よい運気が巡ってきています。やってみたいと思っていたことをはじめてみましょう。挑戦するときは勇気が必要ですが、今なら思いきって飛び立っても大丈夫。決断に迷ったら、挿絵の鳥たちが鳴き交わすように、まわりの人に相談してみると視界がひらけます。緊張しがちなときは、花やグリーンを部屋に取り入れたり、美しい景色や鳥たちを動画で楽しんだりして、心を落ち着かせましょう。

挿絵

桜の木の下、二羽の小鳥が楽しげに飛び回っている。

挿絵のモチーフ

桜の木。二羽の鳥。草。

くずし字のポイント

✔「もへいづる」の「(留《る》)」は「(可《か》)」に類似。

✔「なりにけり」の「(奈《な》)」は「(留《る》)」に類似。

一一四　むらくもも

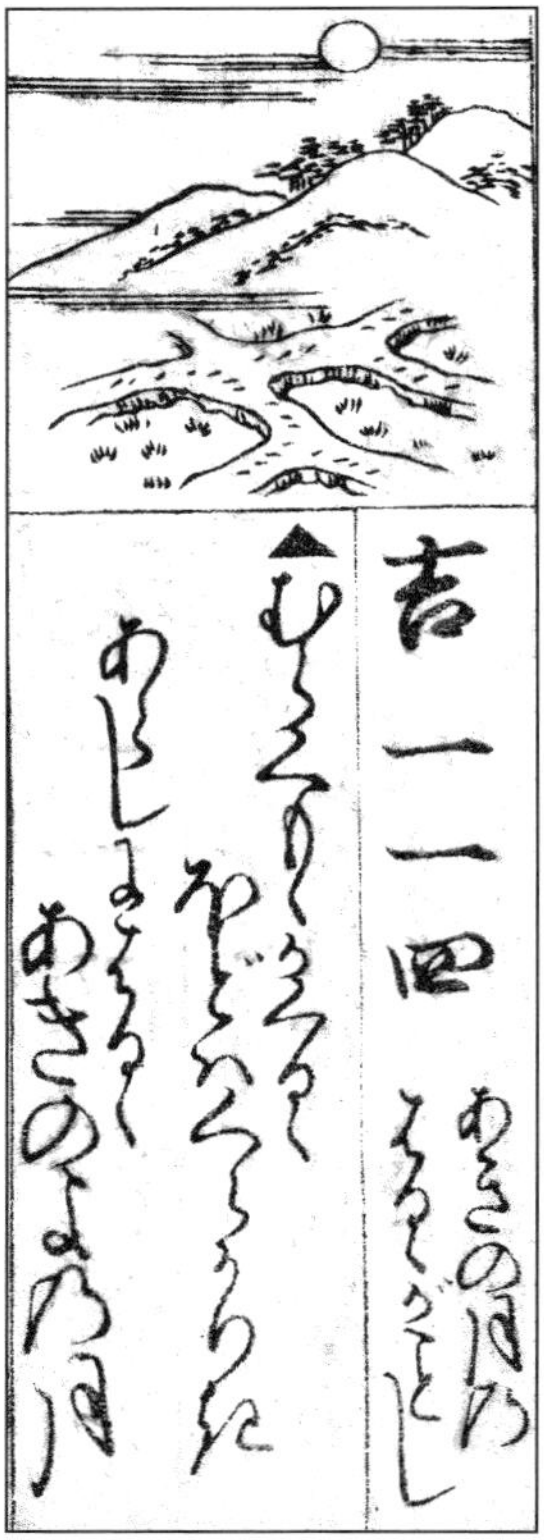

翻刻と字母

吉　一一四　あ《安》き《幾》の《乃》月の《乃》　は《者》る《留》〵が《可》こ《己》と《止》し《之》

▲む《武》ら《良》く《久》も《毛》〵か《可》く《久》る《留》〵

ほ《本》ど《止》は《八》く《久》ら《良》か《可》り《利》き《起》

あ《安》ら《良》し《之》に《尓》は《者》る《留》〵

あ《安》き《幾》の《乃》よ《与》の《乃》月

校訂本文

吉　一一四　秋の月の晴るるがごとし

むら雲も隠るるほどは暗かりき嵐に晴るる秋の夜の月

現代語訳

吉　一一四　秋の月が晴れるようなものだ

雲も出て隠れて見えないときは暗かったけれど、強い風が吹いて雲が晴れた今、秋の夜の月は明るく輝いている。

歌のテーマ

変化。好転。

占いメッセージ

きっと乗り越えられます。どんなときも自分を信じて。たとえ雲に覆われたように暗い気持ちになったとしても、それは一時的なことです。雲が晴れたら月が見えるように、自然は常に変化するもの。やがて明るい光が見えてきます。うまくいかないことがあって気持ちが落ち込むときは、いつもと違う道を歩いてみたり、入ったことのないお店に立ち寄ってみたりするなど、ふだんとは違う行動をすると、停滞している自分に新しい風を吹かせられるでしょう。

挿絵

収穫後の秋の田に月が輝いている様子。

挿絵のモチーフ

満月。薄雲。山。秋の田。

くずし字のポイント

✔「ほど」の「𛂞（本《ほ》）」は漢字の「不」に類似。

一二一　いづくをは

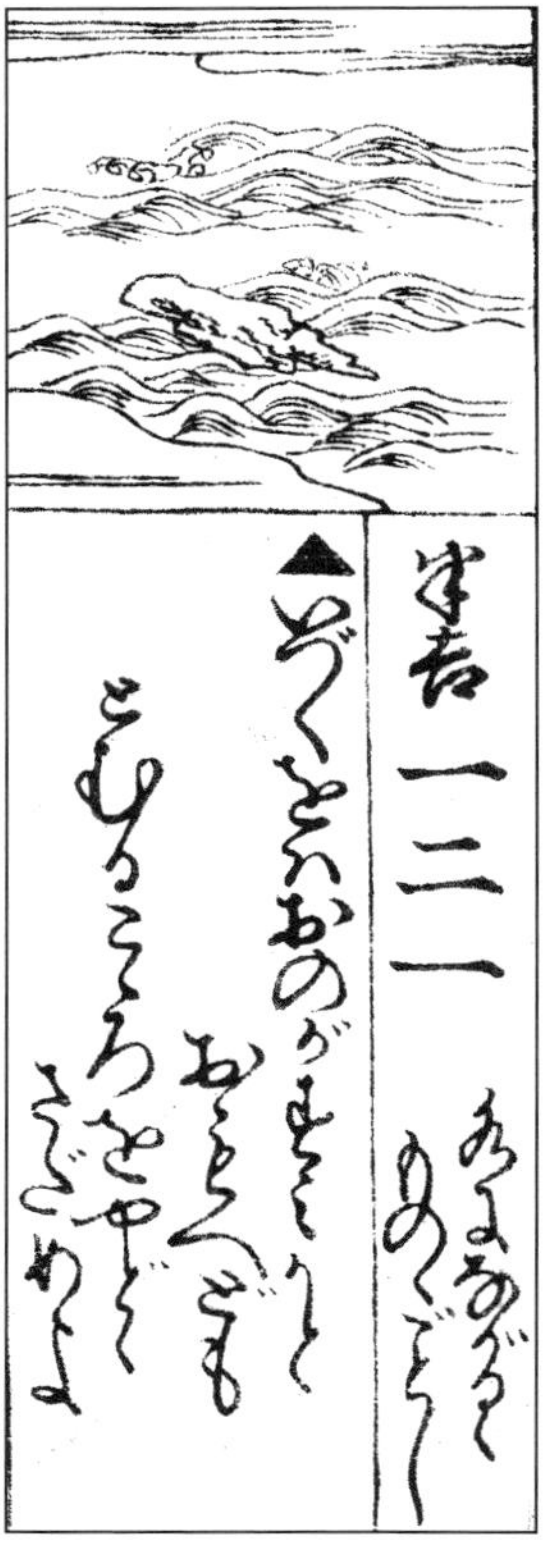

翻刻と字母

半吉　一二一　水に《尓》な《奈》が《可》る《留》ゝ　も《毛》の《乃》ゝご《己》と《止》し《之》
▲い《以》づ《川》く《久》を《遠》は《八》お《於》の《乃》が《可》す《春》み《三》か《可》と《止》
お《於》も《毛》へ《部》ど《止》も《毛》
と《止》む《武》る《留》こ《己》ゝろ《呂》を《遠》や《也》ど《止》ゝ
さ《左》だ《多》め《女》よ《与》

校訂本文

半吉　一二一　水に流るるもののごとし
いづくをば己《おの》が住処《すみか》と思へども尋《と》むる心を宿と定めよ

現代語訳

半吉　一二一　水に流れるもののようだ

いったいどこが自分の居場所なのだろうと思うかもしれないが、それを探し求める心こそが、自分の拠りどころになるのだ。

歌のテーマ

探究心。内省。自己分析。

占いメッセージ

他人やまわりの環境に流されていませんか。今のままで本当によいのか、自分の現状に満足できているのか、自分自身と向き合って考えるときです。納得できないことがあるなら、安易に妥協せず、とことん考えてみましょう。誰かに相談するもよし、一人でじっくり考えるもよし。波に流された木がいつしか浜辺にたどりつくように、気持ちのおもむくまま自分探しの旅に出てみるのも一つの手です。悩み抜いたぶんだけ、確実にあなたは前に進んでいくでしょう。

挿絵

木片らしきものが水に流されている。

挿絵のモチーフ

波。木片。

くずし字のポイント

✓ （水）のくずし字は重要なので覚えましょう。

一二二―しろかねや

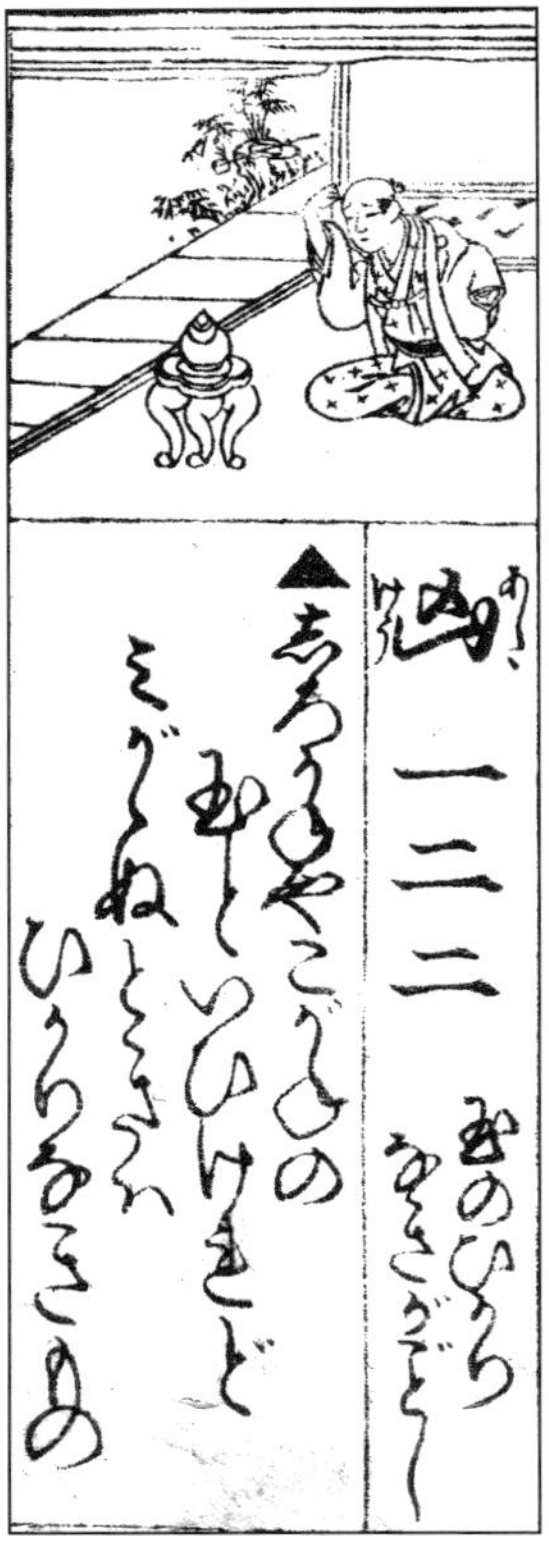

翻刻と字母

凶《あし（安之）》《けう（計宇）》　一二二　玉のひかり《乃比可利》　なきがごとし《奈幾可己止之》
▲しろかねやこがねの《志呂可年也己可年乃》
玉といひけれど《止以比計連止》
みがゝぬときは《三可　奴止幾八》
ひかりなきもの《比可利奈幾毛乃》

校訂本文

凶　一二二　玉の光無きがごとし
銀《しろかね》や黄金《こがね》の玉と言ひけれど磨かぬ時は光なきもの

現代語訳

凶　一二三　光のない玉のようなものだ

銀や金でできた玉とはいっても磨かなければ光りはしない。

歌のテーマ

自分磨き。努力の継続。

占いメッセージ

自分らしく輝きたいなら努力が必要です。自分を過信して、がんばらなくてもなんとかなると思っていませんか。金や銀でできた美しい玉も磨かなければ光らないように、あなたの才能も努力を続けなければ発揮できません。まずは、どんな自分になりたいのかをよく考え、そのために何をすべきかを考えてみましょう。小さな目標を達成していく中で、あなたに秘められた才能が開花していきます。継続は力なり。目標を決めて続けることを意識しましょう。

挿絵

玉を見つめる困り顔の男。

挿絵のモチーフ

宝珠。猫脚の飾台《かざりだい》。困った仕草の十文字柄の着物の男。庭の木。縁側。

くずし字のポイント

✔「（年《ね》）」は字母から判読しにくい。

一二三　はなあれど

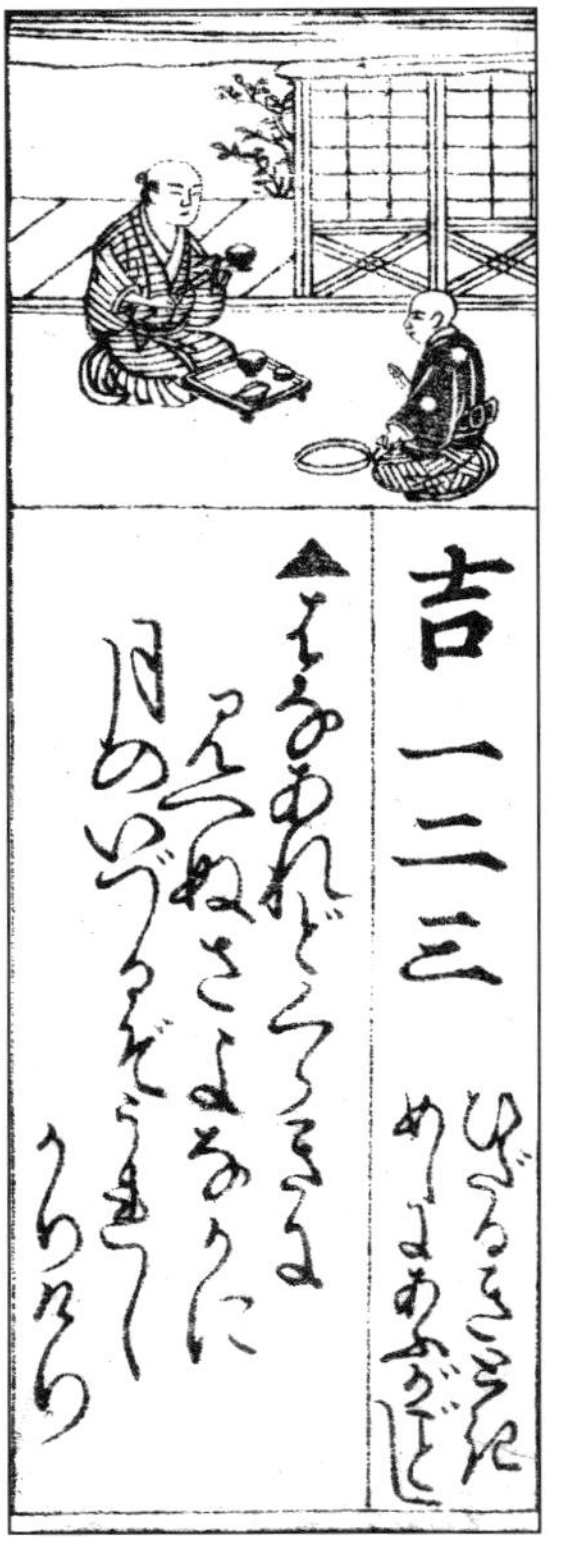

翻刻と字母

吉　一二三　ひ《比》だ《多》る《留》き《幾》と《止》き《起》　め《女》し《之》に《尓》あ《安》ふ《不》が《可》ご《己》と《止》し《之》

▲は《者》な《奈》あ《安》れ《礼》ど《止》く《久》ら《良》き《幾》に《尓》

見へ《部》ぬ《奴》さ《左》よ《与》な《奈》か《可》に《仁》

月の《乃》い《以》づ《川》る《留》ぞ《曽》う《宇》れ《連》し《之》

か《可》り《利》け《介》り《利》

校訂本文

吉　一二三　ひだるきとき飯にあふがごとし

花あれど暗きに見えぬ小夜中《さよなか》に月の出《い》づるぞうれしかりけり

参考

＊「ひだるき」は形容詞「ひだるし」の連体形。「ひだるし」は「空腹である」という意味。

現代語訳

吉　一二三　お腹が空いたときに食事にありつくようなものだ

花が咲いているのに暗くて見えない真夜中に月が出て照らしてくれるのはうれしい。

歌のテーマ　好機。他人からの援助。

占いメッセージ　絶好のタイミングで幸運に恵まれます。たとえば、道に迷ったときに通りがかった人が声をかけてくれた、たまたま聞こえてきた話の内容から行き詰まっていたことの解決策を思いついたなど、困っているときに願ってもない幸運に出会って、物事がうまく進みそうです。挿絵で、男が食事を給仕してもらっているように、周囲の人の助けがカギになります。人間関係を大切にしましょう。ただし、他人をあてにしすぎず、自分でも努力することが重要です。

挿絵　ご飯を食べる男と給仕する男。

挿絵のモチーフ　箸と飯椀を持った横縞柄の着物の男。黒紋付袴《はかま》姿の坊主の男。お盆。障子。縁側。庭の木。

くずし字のポイント

✔「くらき」の「ら（良《ら》）」は「か（可《か》）」に類似。

一二四　つゆのねに

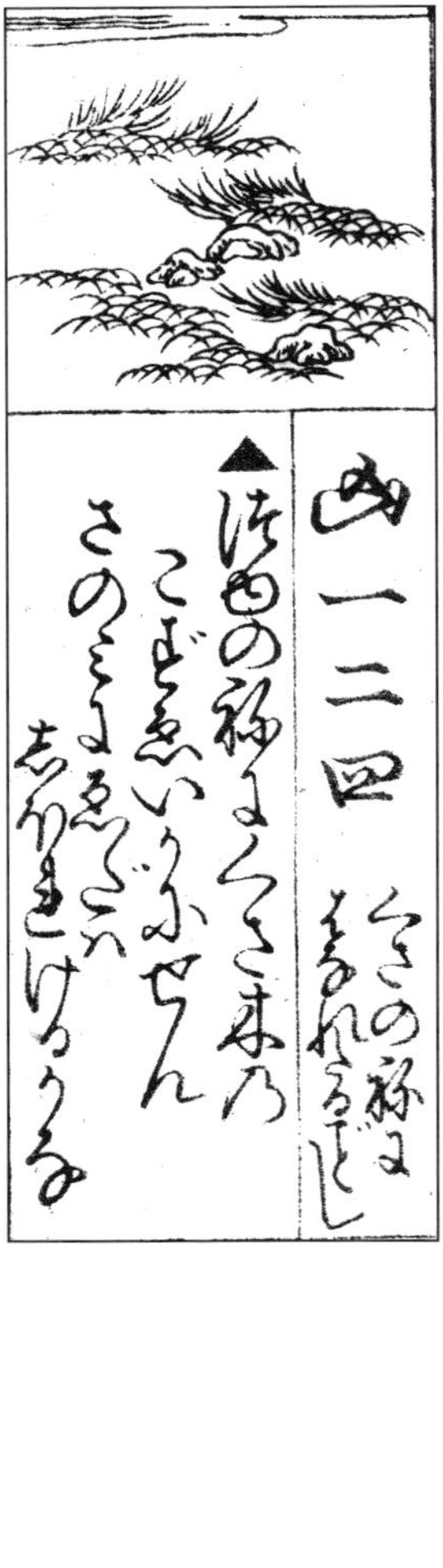

翻刻と字母

凶　一二四　くさのねに《久左乃祢尓》　はなれたるごとし《者奈礼多留己止之》

▲つゆのねにくさ《徒由乃祢尓久左》木の《乃》

こずゑいかにせん《己春恵以可尓世无》

さのみにゑだは《左乃三尓恵多八》

しほれけるかな《志本連計留可奈》

校訂本文

凶　一二四　草の根に離れたるごとし

つゆの根に草木の梢いかにせんさのみに枝は萎《しを》れけるかな

現代語訳

凶　一二四　草が根から離れた状態のようだ

根っこがわずかだと草木の枝はどうなるのだろう。そうなったら枯れてしまうばかりだ。

歌のテーマ

基礎の重要性。成長。土台。

占いメッセージ

なにごとも基本が大切。スピードよりも十分な基礎固めが必要です。あせらずじっくり取り組んで。付け焼き刃の対応でごまかしていると、メッキがはがれるように信頼が失われてしまうので気をつけください。根を深く広く張っていれば枝葉が豊かに育っていくように、根本となる土台を整えれば大きな実りが期待できるでしょう。目先の結果を追い求めるより遠回りに見えても、それが目標へのいちばんの近道です。

挿絵

根が浅く、しおれた草。

挿絵のモチーフ

草。石。

くずし字のポイント

✔「しほれる」の「（本《ほ》）」は漢字の「不」に類似。

一三一　さきのよに

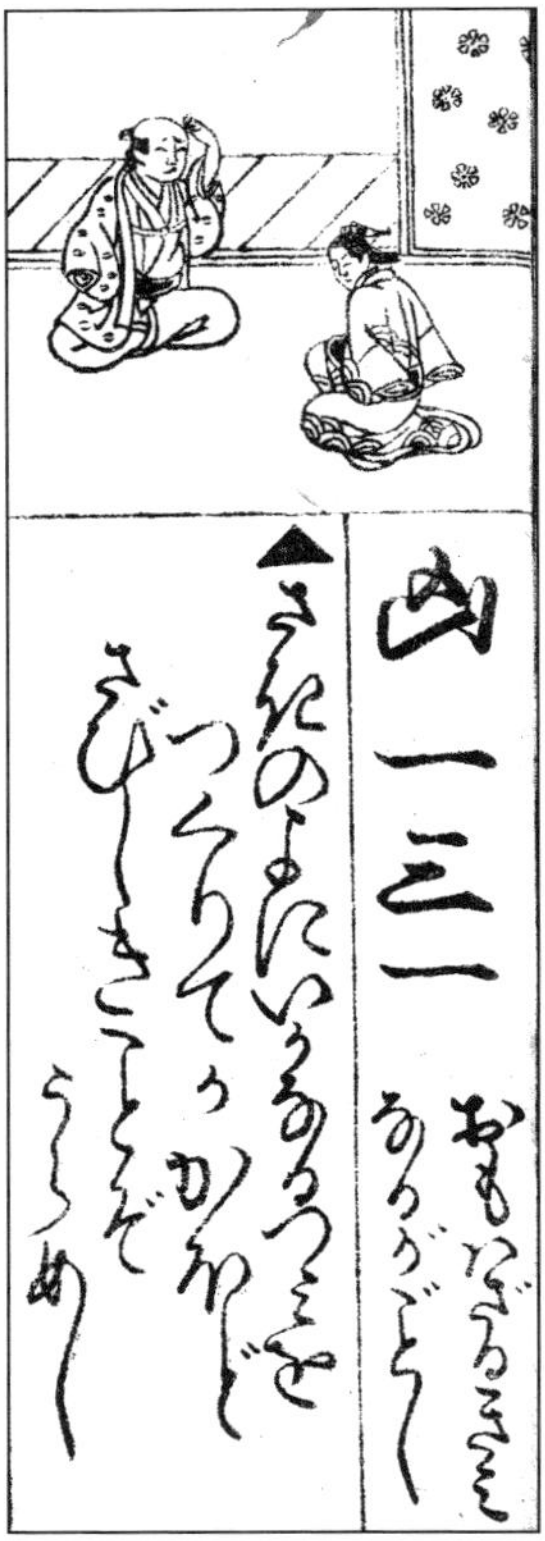

翻刻と字母

凶　一三一　おもはざるきみ《於毛八左留幾三》　なるがごとし《奈留可己止之》

▲さきのよにいかなるつみを《左起乃与仁以可奈留川三遠》
つくりてかかほど《川久利天可加本止》
さびしきことぞ《左比之幾己止曽》
うらめし《宇良女之》

校訂本文

凶　一三一　思はざる君なるがごとし
前《さき》の世にいかなる罪を作りてかかほど寂しきことぞ恨めし

現代語訳

凶　一三一　私を恋しく思わないあなたのようだ

いったい前世でどんな罪を作ったというのか。こんなに寂しい思いをするのが情けない。

歌のテーマ

不遇感。原因と結果。変化。

占いメッセージ

人生には報われないこともあります。不運を嘆きすぎないでください。好きな人から相手にされなかったり、理不尽に怒られたりすると、こんなについてないのは前世での悪い行いのせいだと思いたくなるかもしれませんが、つらい時期が永遠に続くわけではありません。挿絵の女性の着物には水紋が描かれています。人の心は流れゆく水のように移ろいやすいものです。やがて波に乗り花開く時機を待ちましょう。

挿絵

好きな女にふられた男。

挿絵のモチーフ

困っている仕草の羽織姿の男。そっぽを向く青海波《せいがいは》文様の着物の女。桜柄の襖《ふすま》。縁側。

くずし字のポイント

✔「なるがごとし」の「（留《る》）」は「（可《か》）」「（良《ら》）」に類似。

一三二　うれしさを

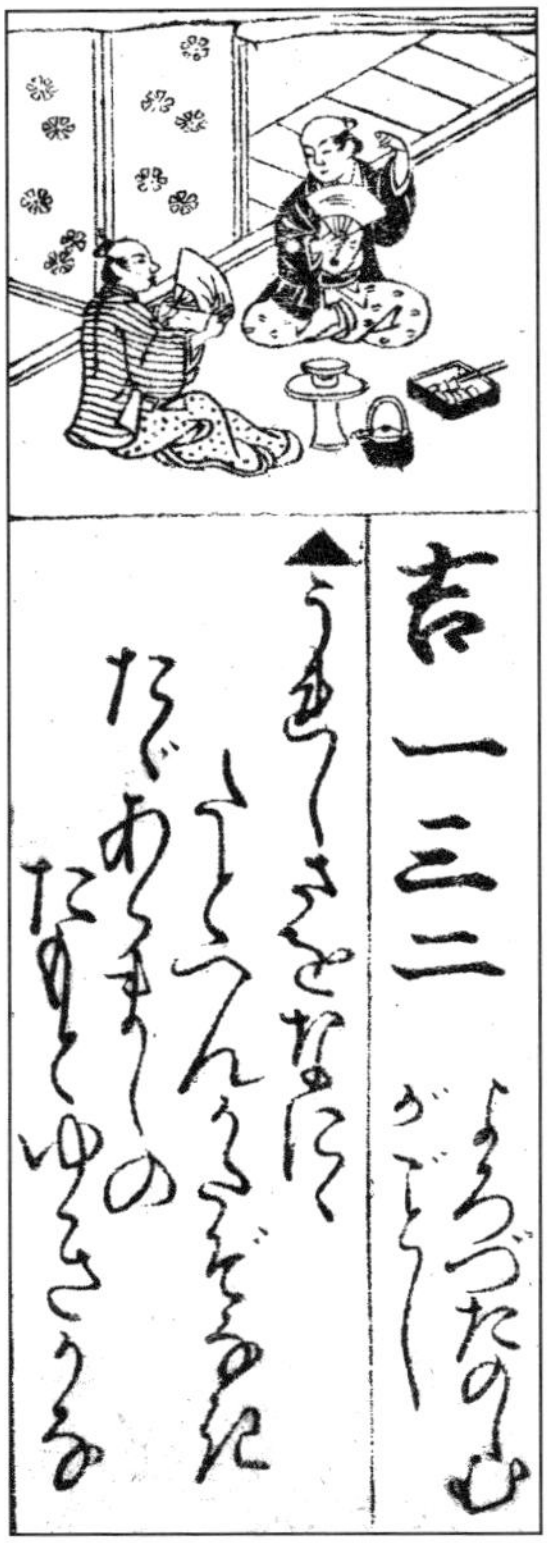

翻刻と字母

吉　一三二　よろづたのしむ《与呂川太乃之武》　がごとし《可己止之》

▲うれしさをなに《宇連之左遠奈仁》〵

たとへんかたぞなき《多止部无可多曾奈起》

たゞあらましの《太安良末之乃》

たもとゆきかな《太毛止由幾可奈》

校訂本文

吉　一三二　よろづ楽しむがごとし

うれしさを何にたとへん方《かた》ぞなきただあらましの袂裄《たもとゆき》かな

現代語訳

吉　一三二　なんでも楽しむようだ

このうれしさはたとえようがない、まるで袖の長さがおあつらえのようにぴったり合ったときのようだ。

歌のテーマ

楽しむ。幸運。満喫。意気投合。

占いメッセージ

願ったことが叶いそうな予感。スーツを試着したらサイズがぴったりだったというように、日常の中で運命を感じるような幸運があるでしょう。挿絵では扇を手にした男二人が楽しく酒盛りをしています。扇は末広がりの縁起物。「笑う門には福来る」というように、笑顔と明るい会話が、さらなる福を招き寄せるきっかけになりそうです。会食やパーティなど、にぎやかな場所での出会いが吉。積極的に交流することで運気もアップするでしょう。

挿絵

酒盛りを楽しむ二人の男。

挿絵のモチーフ

右手に扇子を持った黒い羽織姿の男。左手に扇子を持った横縞柄の羽織姿の男。高坏《たかつき》の上に盃《さかずき》。銚子。箸と酒肴。桜柄の襖《ふすま》。縁側。

くずし字のポイント

✔「たもと」の「（毛《も》）」は字母「毛」の横線二本がないくずし方。

一三三　たびころも

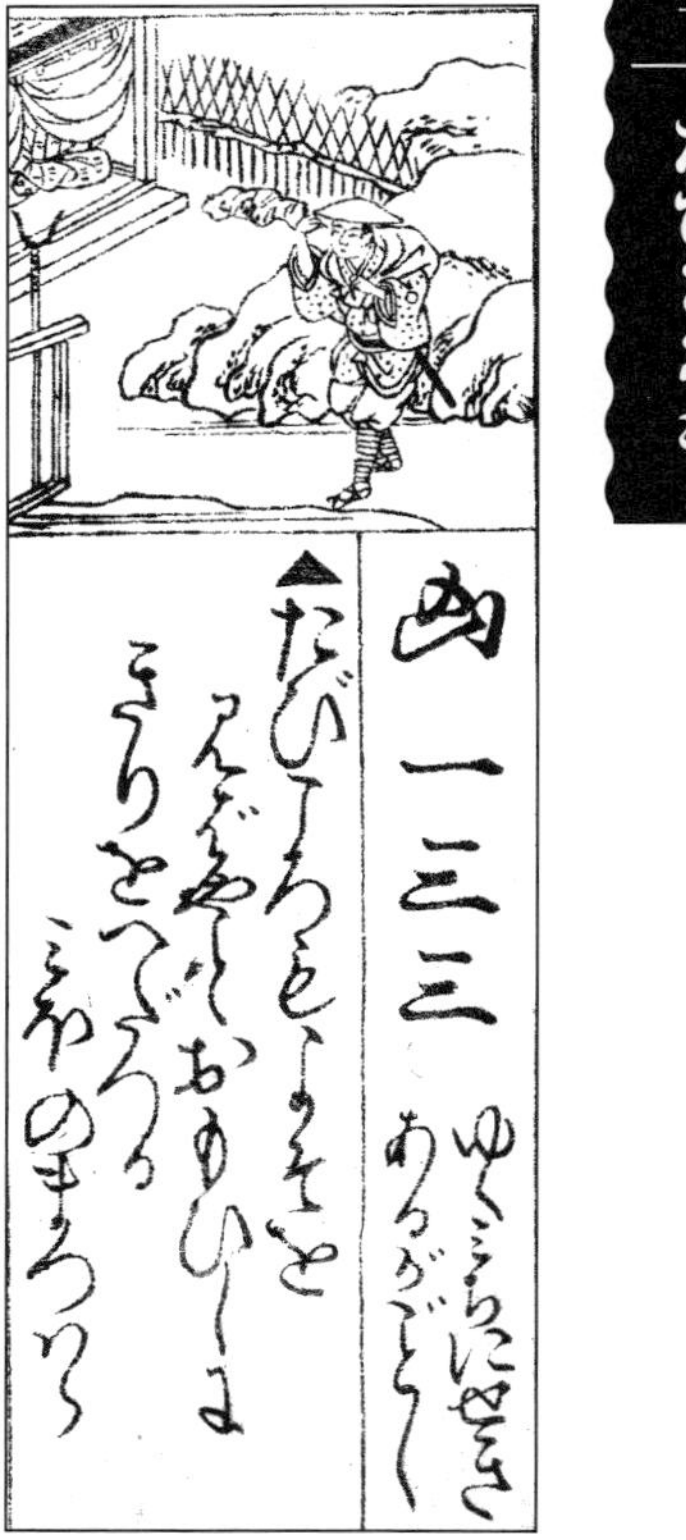

翻刻と字母

凶　一三三　ゆくみちにせき《由久三知仁世幾》　あるがごとし《安留可己止之》

▲たびころもよそを《多比己呂毛与曽遠》

見ばやとおもひしに《者也止於毛比之尒》

きりをへだつる《幾利遠部多川留》

みほのまつはら《三本乃末川八良》

校訂本文

凶　一三三　ゆく道に関あるがごとし

旅衣よそを見ばやと思ひしに霧をへだつる三保の松原《まつばら》

参考

＊「三保の松原」は静岡県三保半島海岸の松林。富士山を望む景勝地・天の羽衣伝説の地として有名。

＊「関」は三保の松原近くにある清見関《きよみがせき》。海岸に山が迫ったところにあった関所で難所として知られていた。

現代語訳

凶　一三三　行く道に関所があるようだ

他の場所を見たいと思って旅に出たが、霧にへだてられて美しい三保の松原を見られなかった。

歌のテーマ

外の世界。憧れ。障害。

占いメッセージ

新しい刺激を求めて、外の世界に心ひかれやすい時期。見たことのない場所に行ってみたい、はじめての体験がしたいと思っても、いざ進もうとすると霧がかかったように先が見えなかったり、必要な条件がそろわず関門を突破できなかったりする可能性も。名所の三保の松原のように魅力的な場所にひかれる気持ちを大切にして、どうやったらたどりつけるかを検討してみましょう。時期が違えば条件も変わるので、行動するタイミングも意識して。

挿絵

関所に向かっている旅姿の男と幕の奥にいる関所の役人。

挿絵のモチーフ

旅姿の男。柵。岩山。関所。垂れ幕の中にいる役人。幕を上げる棒。

くずし字のポイント

✔「みほのまつばら」の「（本《ほ》）」は漢字の「不」に類似。

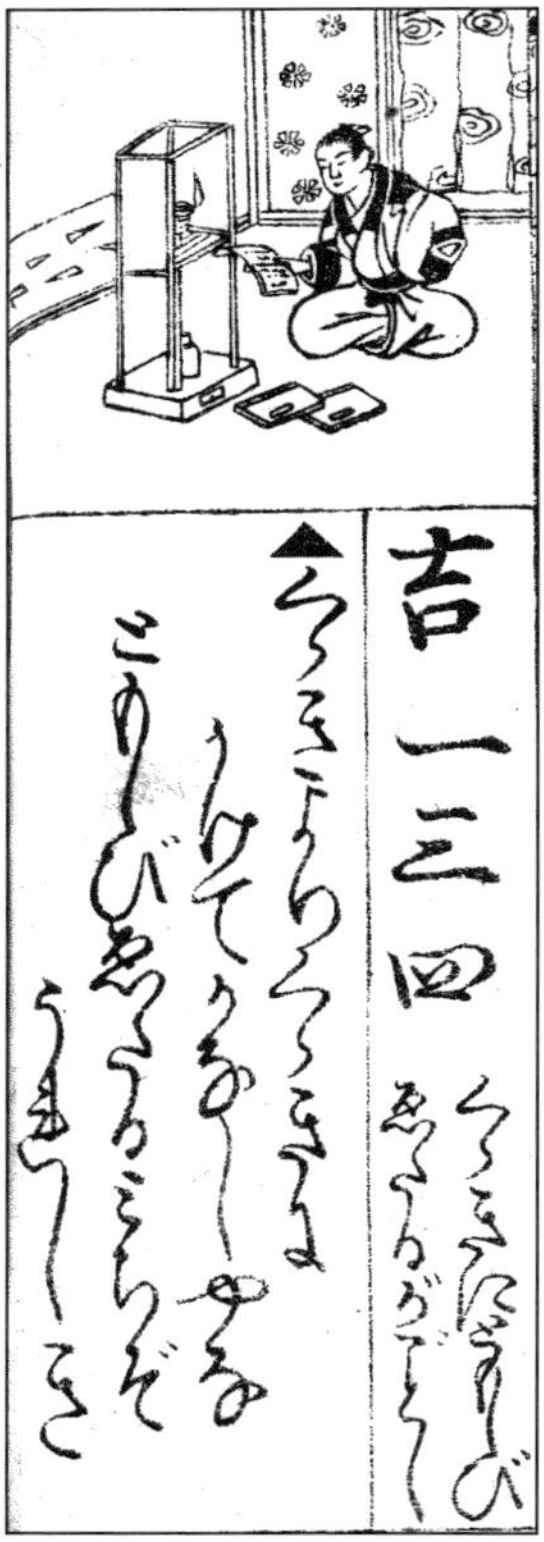

翻刻と字母

吉　一三四　くらきにともしび《久良幾仁止毛之比》　ゑたるがごとし《恵多留可己止之》

▲くらきよりくらきに《久良幾与利久良幾尓》
かけてかなしやな《可計天可奈之也奈》
ともしびゑたるみちぞ《止毛之比恵多留三知曽》
うれしき《宇連之幾》

校訂本文

吉　一三四　暗きにともしび得たるがごとし
暗きより暗きにかけて悲しやなともしび得たる道ぞうれしき

参考

＊ 挿絵は『徒然草』第十三段の「ひとり灯《ともしび》のもとに文《ふみ》をひろげて、見ぬ世の人を友とするぞ、こよなう慰むわざなる」を思い起こさせる。

現代語訳

吉　一三四　暗いときに灯火を得たようだ

どんどん暗くなっていくのは悲しいなあ。でも、そんな道中で灯火が手に入ってうれしい。

歌のテーマ

暗闇。光明。希望。

占いメッセージ

先の見えない不安で目の前が暗くなりやすいときですが、一時的なことなので安心してください。暗闇で灯明の光が手に入るように、あなたの行く先には、いずれ明るい光が見えてきます。頭を抱えるような悩ましい状況をより早く好転させるヒントは本の中にありそうです。悩んだときは、ネットを検索したり、図書館に行ったりして、参考になりそうな本を探してみましょう。一人静かに本を読むことで解決のきっかけが得られます。

挿絵

灯火のもとで本を読む男。

挿絵のモチーフ

右手に本を持った着物姿の男。行灯《あんどん》。本二冊。行灯の上段に灯心、下段に油差し。桜柄の襖《ふすま》。渦巻文様ののれん。

くずし字のポイント

✔「ともしび」の「（毛《も》）」は字母「毛」の横線がないくずし方。

✔「くらきにかけて」の「（可《か》）」は「（宇《う》）」に類似。

一四一　手にむすぶ

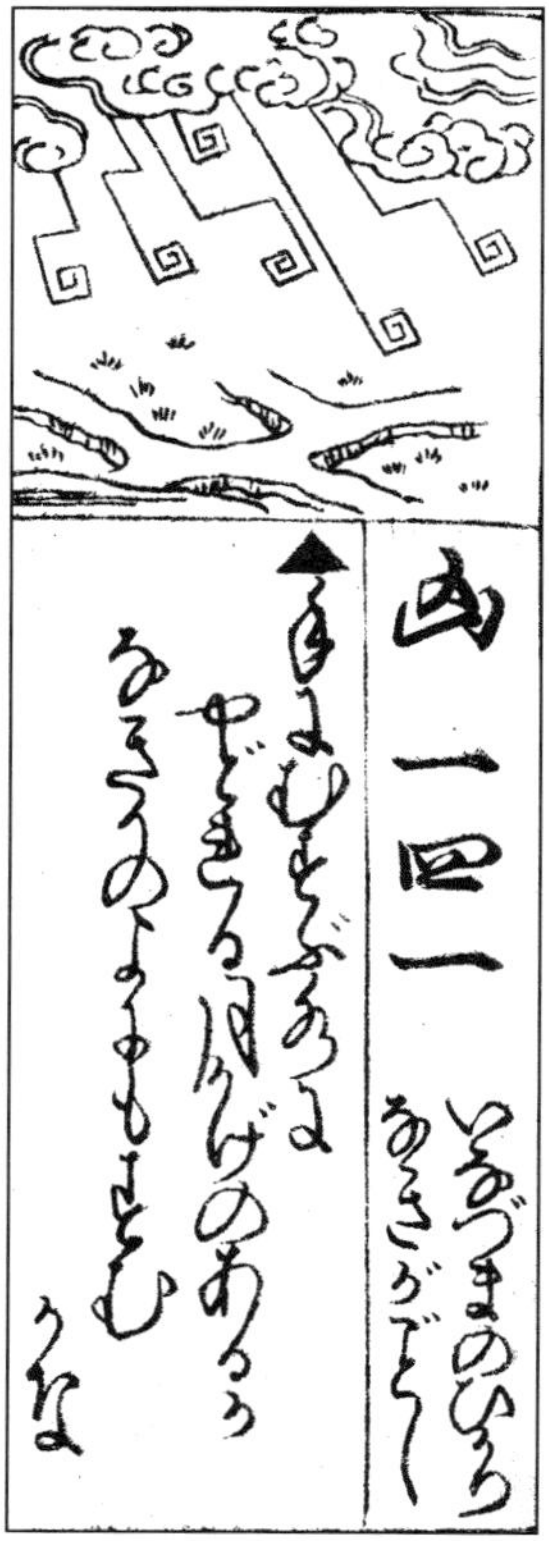

翻刻と字母

凶　一四一　い《以》な《奈》づ《川》ま《末》の《乃》ひ《比》か《可》り《利》　な《奈》き《幾》が《可》ご《己》と《止》し《之》

▲手に《尓》む《武》す《春》ぶ《不》水に《尓》
や《也》ど《止》れ《連》る《留》月か《可》げ《計》の《乃》あ《安》る《留》か《可》
な《奈》き《幾》か《可》の《乃》よ《与》に《尓》も《毛》す《春》む《武》
か《可》な《奈》

校訂本文

凶　一四一　稲妻の光無きがごとし
手に結ぶ水にやどれる月かげの有るか無きかの世にもすむかな

参考

＊『拾遺和歌集』に収められる紀貫之の「手に結ぶ水に宿れる月影のあるかなきかの世にこそありけれ」に基づく歌。貫之の辞世の歌とされるが、軍記物語『保元物語』では巫女の歌占による熊野の神のお告げの歌としても伝承されてきた。

現代語訳

凶　一四一　稲妻に光が無いようなものだ

手ですくった水に映る月は、手を離すと一瞬でなくなってしまう。そんなふうに、あるかないかも分からないくらい、はかない世に生きているのだ。

歌のテーマ

変化。はかなさ。

占いメッセージ

目の前のものを大切に。変化のない日常をつまらないと感じていませんか。そんなときは、水に映る月のきらめきに見とれるように、いまここにある一瞬の美しさに目を向けてみましょう。稲妻の光や手の中の水に映った月かげがはかなく消えやすいのと同じように、人の気持ちや環境など、すべては変化します。何かうまくいかないと感じているなら、すべては変化するのだと意識してみてください。やがて気持ちが楽になり、状況も好転するでしょう。

挿絵

秋の田に稲妻が鳴り響いている様子。

挿絵のモチーフ

雷雲。稲妻。刈り入れ後の秋の田。

くずし字のポイント

✔「月かげ」は「月」の左下に「（可《か》）」が入り込んでいる。

✔（水）のくずし字は重要なので覚えましょう。

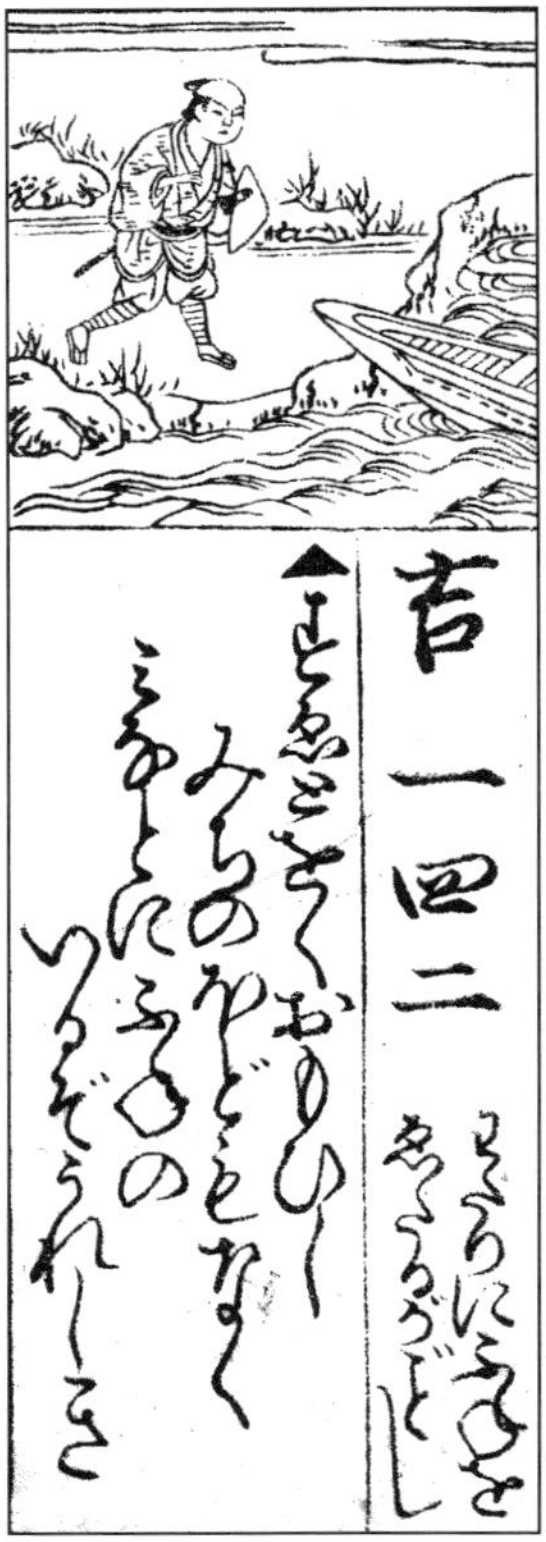

翻刻と字母

吉　一四二　わたりにふねを《王多利仁不年遠》　ゑたるがごとし《恵多留可己止之》
▲すゑとをくおもひし《春恵止遠久於毛比之》
みちのほどもなく《美知乃本止毛奈久》
みなとにふねの《三奈止仁不年乃》
いるぞうれしき《以留曽宇礼之幾》

校訂本文

吉　一四二　渡りに船を得たるがごとし
末遠く思ひし道のほどもなく港に船のいるぞうれしき

現代語訳

吉　一四二　川を渡るときに舟を得たようなものだ

先は遠いと思っていたが、道中それほど経たずに港に舟がいてうれしい。

歌のテーマ

偶然。チャンス。幸運。

占いメッセージ

タイミングに恵まれるとき。あなたが願っていることが思ったよりも簡単に叶いそう。ほしかったものを知り合いから譲ってもらえたり、思いがけない人との出会いでヒントをもらえたりして、願いを叶える近道が目の前にやってくる機会があるでしょう。しかし、挿絵に描かれた舟が一艘《いっそう》しかないように、訪れるチャンスは限られているもの。またとないタイミングを逃さないために、注意深くまわりを見て好機を逃さないようにしましょう。

挿絵

旅姿の男が川を渡ろうとしたところに舟がある。

挿絵のモチーフ

笠・脚絆《きゃはん》・脇差《わきざ》しを身につけた旅姿の男。川。一艘の舟。岩。草むら。

くずし字のポイント

✔「ふね」の「ね（年《ね》）」は字母から判読しにくい。

✔「みち」の「み（美《み》）」と「みなと」の「み（三《み》）」は字母が異なる。

一四三　此よをは

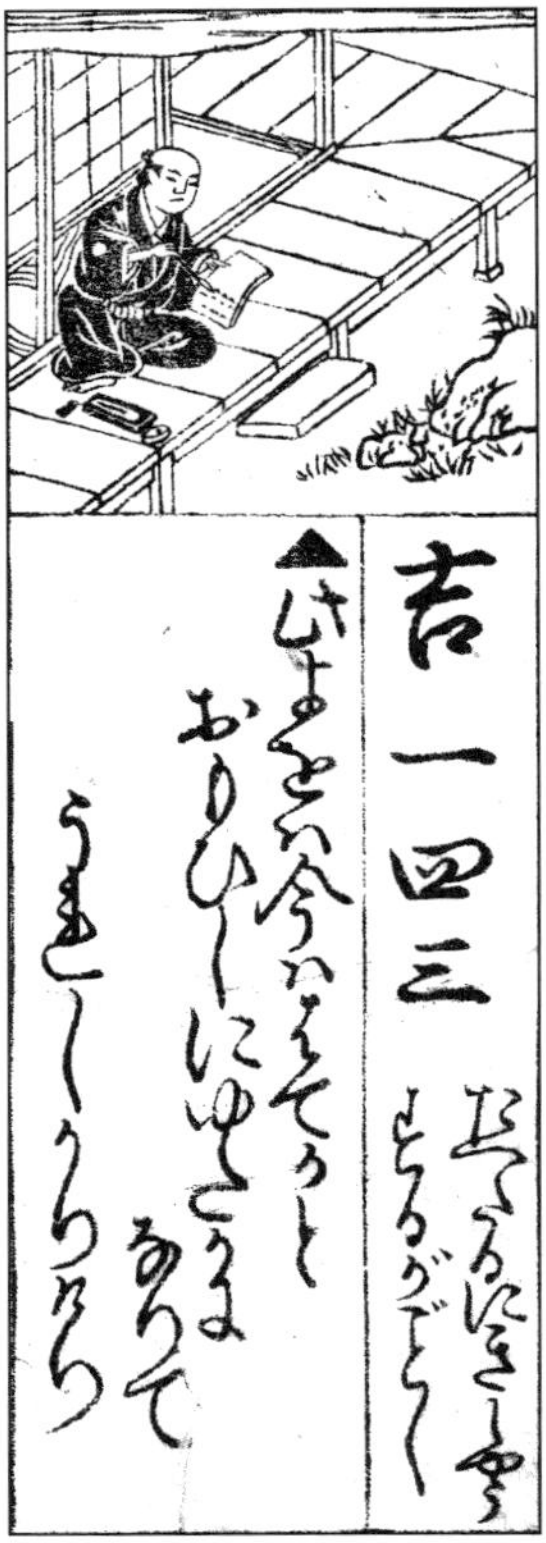

翻刻と字母

吉　一四三　たへたるにきしやう《太部多留仁幾之也宇》　するがごとし《春留可己止之》

▲此よをは《与遠八》今ははてかと《八者天可止》
おもひしにゆたかに《於毛比之仁由多可尓》　なりて《奈利天》
うれしかりけり《宇連之可利介利》

校訂本文

吉　一四三　耐へたるに起請《きしやう》するがごとし

この世をば今は果てかと思ひしに豊かになりてうれしかりけり

現代語訳

吉　一四三　耐え忍んでいるときに祈るようなものだ

この世の終わりかと思ったこともあったけれど、今は豊かになってうれしいなあ。

歌のテーマ

祈り。信じ続ける大切さ。

占いメッセージ

いまは耐えるとき。強い決意で続ければ、いずれ叶います。ときには絶望的な気分になり、なにもかも諦めてしまいたくなることがあるかもしれません。しかし、身長が急に伸びる成長期に関節が痛くなるように、精神的に成長するときも痛みが伴うものです。困難を乗り越えられたら、その先には想像以上の変化があるでしょう。やりとげたいことがあるときは、挿絵の男が神仏に誓って願いを立てる起請文を書くように、目標を文章にするとよいでしょう。

挿絵

男が縁側で起請文を書いている。

挿絵のモチーフ

庭石。草。縁側。踏み石。木目の障子。黒紋付袴《はかま》姿の男。紙。硯《すずり》。筆。

くずし字のポイント

✔（此）のくずし字は重要なので覚えましょう。

一四四　なにごとも

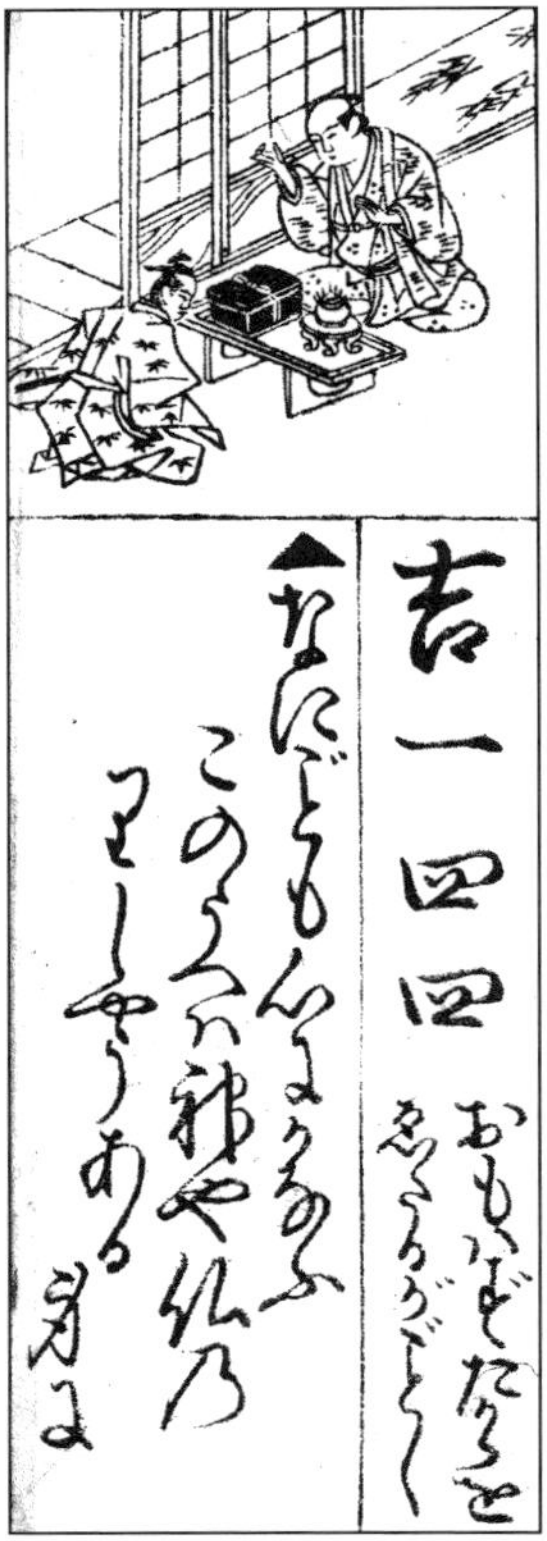

翻刻と字母

吉　一四四　お《於》も《毛》は《八》ず《春》た《太》か《可》ら《良》を《遠》　ゑ《恵》た《多》る《留》が《可》ご《己》と《止》し《之》

▲な《奈》に《仁》ご《己》と《止》も《毛》心に《尓》か《可》な《奈》ふ《不》

こ《己》の《乃》う《宇》へ《部》は《八》神や《也》仏の《乃》

り《里》し《之》や《也》う《宇》あ《安》る《留》

身に《尓》

校訂本文

吉　一四四　思はず宝を得たるがごとし

なにごとも心に叶ふこの上は神や仏の利《り》生《しやう》ある身に

現代語訳

吉　一四四　思いがけず宝を得たようなものだ

何でも思い通りに叶うのは、神や仏の御利益があるからだ。

歌のテーマ　思いがけない幸運。他者からの恩恵。

占いメッセージ　思いがけない幸運が訪れそう。自分では思ってもみなかったところで高い評価を受けるかもしれません。それはきっと、あなたが笹のようにしなやかな心で地道に努力を続けてきた結果です。人にほめてもらったときは、慎み深く感謝の気持ちをあらわしてください。人に感謝することを日頃から意識していると、あなたへの評価はいっそう高まり、松のように末長く続いていくでしょう。

挿絵　武士が町人から黒塗りの箱と宝珠を受け取っている。

挿絵のモチーフ　台。黒塗りの箱と宝珠。松葉文様の壁紙。木目の障子。縁側。羽織姿の町人。笹柄の着物の武士。

くずし字のポイント

✔「心にかなふ」の「（心）」は「ん（无《ん》）」に類似。

✔（心）のくずし字は重要なので覚えましょう。

二一一　ながむれば

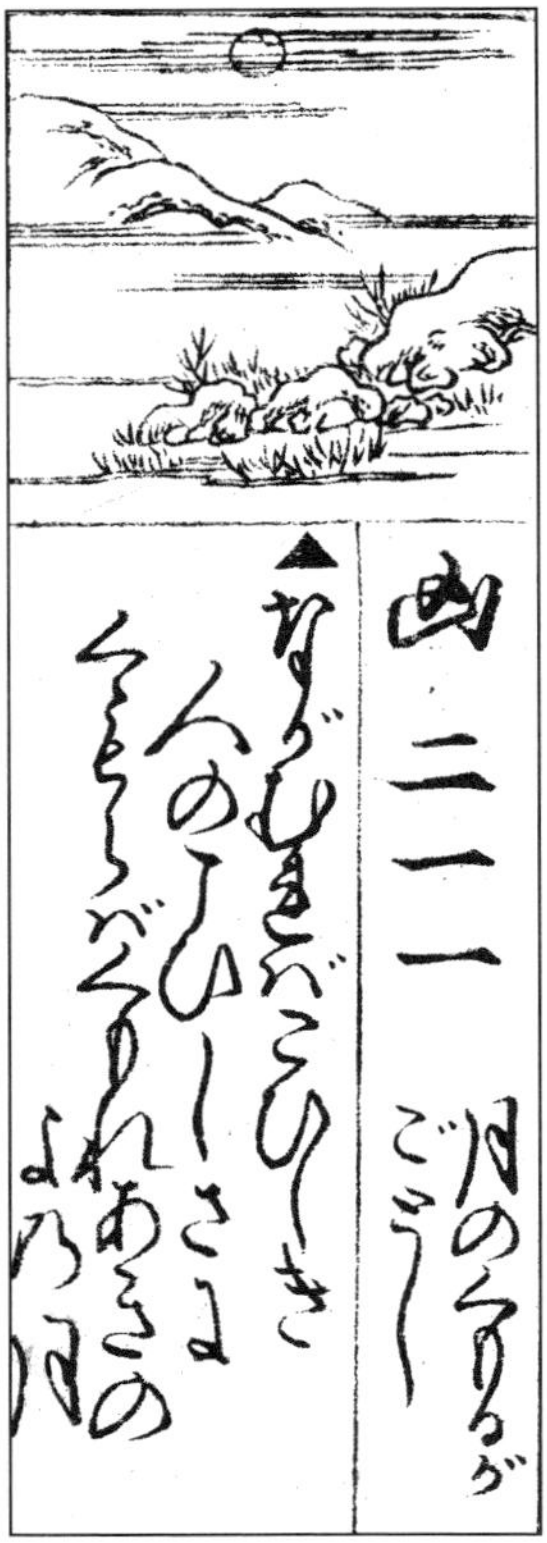
凶　二一一
月のくもるが
ごとし
▲ながむればこひしき
人のこひしさに
くもらばくもれあきの
よの月

翻刻と字母

凶　二一一　月の《乃》く《久》も《毛》る《留》が《可》　ご《己》と《止》し《之》

▲な《奈》が《可》む《武》れ《連》ば《八》こ《己》ひ《比》し《之》き《幾》

人の《乃》こ《己》ひ《比》し《之》さ《左》に《尓》

く《久》も《毛》ら《良》ば《八》く《久》も《毛》れ《礼》あ《安》き《幾》の《乃》

よ《与》の《乃》月

校訂本文

凶　二一一　月の曇るがごとし

眺むれば恋しき人の恋しさに曇らば曇れ秋の夜の月

現代語訳

凶　二一一　月が曇るようなものだ

月を眺めていると恋しい人がもっと恋しくなってしまうから、曇るならば曇ってくれ、秋の夜の月よ。

歌のテーマ

恋慕。執着。自暴自棄。

占いメッセージ

目の前のことをていねいに。思い通りにならないことがあっても、なげやりにならないで。この歌は、月を眺めていたら好きな人への想いが募って苦しくなり、いっそのこと月が曇ってしまえばいいのにと嘆いています。人生には願いが叶わないこともあります。ときには気持ちを持てあましてしまうかもしれませんが、そんなときも自暴自棄にならないよう気をつけてください。月にかかった雲がいつか晴れるように、タイミングを待つことも大切です。

挿絵

うっすらと雲に覆われた月。

挿絵のモチーフ

岩。草。満月。薄雲。山。

くずし字のポイント

✔「こひしさ」の「（己《こ》）」は「ひ」に続くことから一本の縦線のように見える。

✔「くもらばくもれ」の「／（毛《も》）」は同じ字母でもくずし方が異なる。

二一二　とぶとりの

翻刻と字母

凶　二一二　と《止》ぶ《不》と《止》り《利》の《乃》は《者》ね《年》　な《奈》き《幾》が《可》ご《己》と《止》し《之》

▲と《止》ぶ《不》と《止》り《利》の《能》と《止》び《比》ゆ《由》く《久》

と《止》り《利》の《乃》と《止》り《利》くに《尓》

木に《尓》は《八》と《止》ま《末》ら《良》で《天》

つ《川》ち《知》に《仁》お《於》つ《川》ら《良》ん《无》

校訂本文

凶　二一二　飛ぶ鳥の羽なきがごとし

飛ぶ鳥の飛びゆく鳥のとりどりに木には止まらで土に落つらん

現代語訳

凶　二一二　飛ぶ鳥に羽がないようなものだ

飛ぶはずの鳥たちが飛んでいこうとするが、それぞれ木には止まらず地面に落ちるだろう。

歌のテーマ

想定外。体制を整える。本領発揮されない。休養が必要。

占いメッセージ

ここでひとやすみしましょう。飛べるはずの鳥が地面に落ちてしまうように、本来ならできるはずのことができなくなるのは心身の調子が整っていないからでしょう。そんなときは焦らずに自分の体制を整えることに力を注いでください。やりとげたい目標があるのなら、それに向けて実力をつける時期です。いずれ本領発揮して大空高く飛び上がれるように、心身の回復を優先しながら、自分の目指していることを基本からやり直してみましょう。

挿絵

一羽の鳥が木を見上げている。

挿絵のモチーフ

木。雁や鴨のような渡り鳥。岩。草。

くずし字のポイント

✔「なきがごとし」の「（幾《き》）」は一本目の横線が「（奈《な》）」の一部のように見える。

✔「く（久《く》）」は二文字以上の繰り返しを示す踊り字「〳〵」に類似。

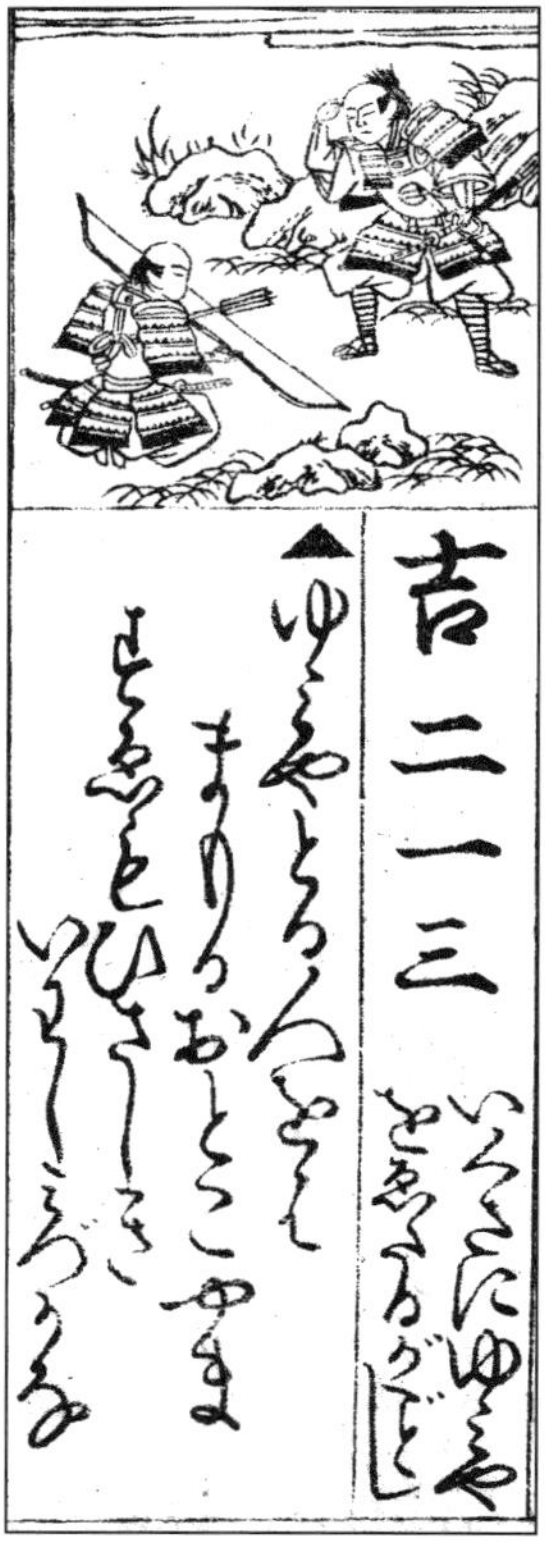

翻刻と字母

以久左仁由三也　遠恵多留可己止之
吉　二一三　いくさにゆみや　をゑたるがごとし
由三也止留　遠者
▲ゆみやとる人をは
末毛留於止己也末
まもるおとこやま
春恵毛比左之幾
すゑもひさしき
以王之三川可奈
いわしみづかな

校訂本文

吉　二一三　戦《いくさ》に弓矢を得たるがごとし
弓矢取る人をば守る男山末《すゑ》も久しき石《いはし》清水《みず》かな

現代語訳

吉　二一三　戦で弓矢を得たようなものだ

弓矢で戦う武士を守るという男山の石清水八幡は末長く栄えるのだなあ。

歌のテーマ

力強いサポート。勇敢な挑戦。

占いメッセージ

サポートしてくれる人があらわれそう。この歌の「男山」「石清水」は弓矢で戦う武士を守護する京都男山の石清水八幡宮。八幡神は国家鎮護、厄除開運、必勝・弓矢の神として信仰されています。この歌を引いたあなたは「戦に弓矢を手に入れたようなもの」、つまり鬼に金棒な状態です。少し背伸びをして高い目標を立ててがんばっていると、目上の人や周囲からの支援が得られます。やってみたいことがあったら思いきって挑戦してみましょう。

挿絵

向き合う二人の武士。

挿絵のモチーフ

鎧姿で立つ武士。鎧姿でひざまずいて弓矢を持つ武士。岩。草。

二一四　いつとなく

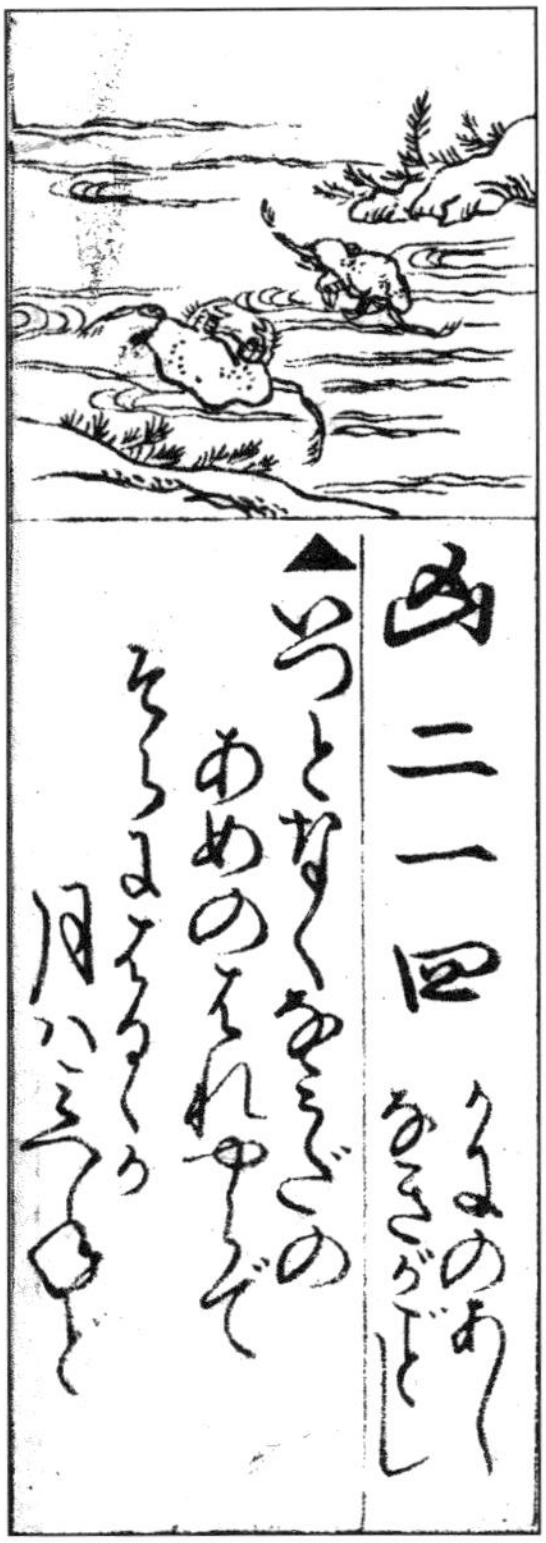

翻刻と字母

凶　二一四　か《可》に《尓》の《乃》あ《安》し《之》　な《奈》き《幾》が《可》ご《己》と《止》し《之》

▲い《以》つ《川》と《止》な《奈》く《久》な《奈》み《三》だ《多》の《乃》

あ《安》め《女》の《乃》は《者》れ《礼》や《也》ら《良》で《天》

そ《曽》ら《良》に《尓》は《者》る《留》ゝか《可》

月は《八》み《三》へ《部》ね《年》ど《止》

校訂本文

凶　二一四　蟹の足なきがごとし

いつとなく涙の雨の晴れやらで空に晴るるか月は見えねど

現代語訳

凶　二一四　蟹の足がないようなものだ

いつまでも涙の雨が晴れない。この空は晴れるのだろうか、まだ月は見えないけれど。

歌のテーマ

時間。再生。悲しみ。

占いメッセージ

焦らないで。時間が解決してくれます。足のない蟹のように不自由な状態のときは、無理に動かず時を待ってください。蟹は危険な敵に捕まるとハサミや足の一部を自ら切り離して逃げますが、それは次の脱皮で再生します。蟹が自切するように、未練や後悔などの前に進めない原因を断ち切って自分を守りましょう。歌には「涙の雨」が詠まれています。悲しみを癒すためには泣くことも必要です。涙で曇った目には明るい月もにじんで見えてしまうもの。涙の雨が乾くまで、どうか無理せずに。

挿絵

二匹の足のとれた蟹が水辺で向かい合っている。

挿絵のモチーフ

足が二本しかない二匹の蟹。岩。水辺。草。

くずし字のポイント

✓「なきがごとし」「なみだの」の「（奈《な》）」は「（留《る》）」に類似。

二二一 ちよまでと

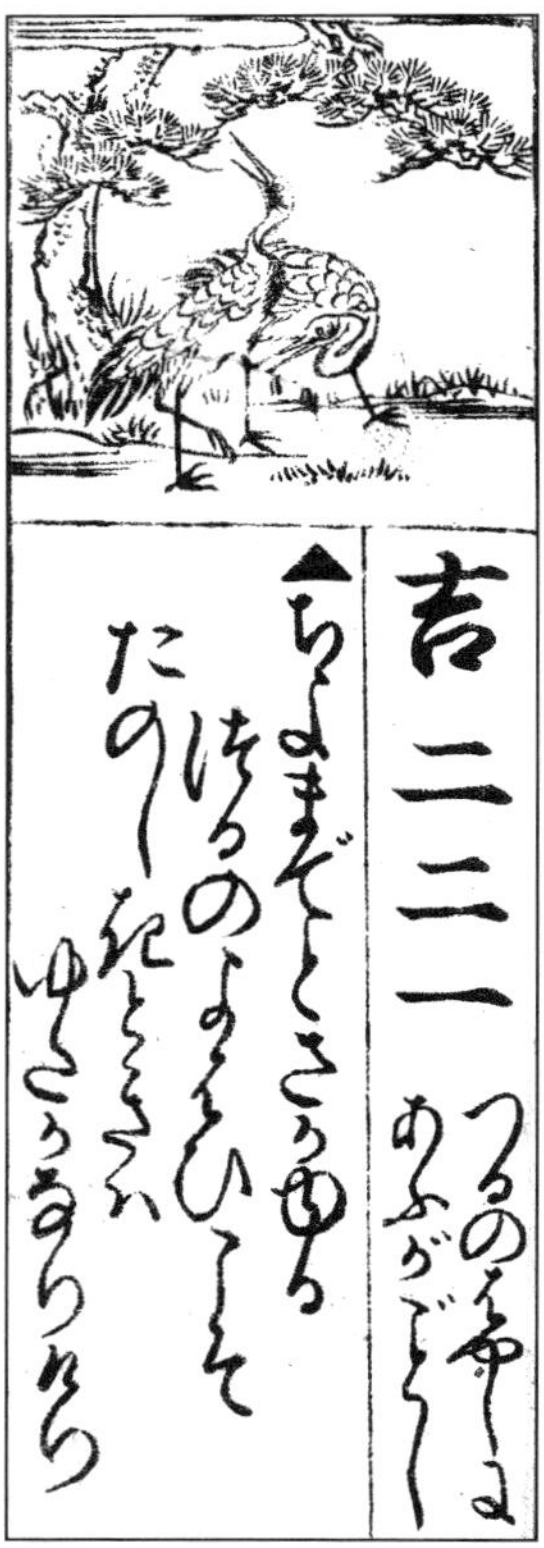

翻刻と字母

吉　二二一　つ《川》る《留》の《乃》は《者》や《也》し《之》に《尓》　あ《安》ふ《不》が《可》ご《己》と《止》し《之》
▲ち《知》よ《与》ま《末》で《天》と《止》さ《左》か《可》ゆ《由》る《留》
つ《徒》る《留》の《乃》よ《与》は《者》ひ《比》こ《己》そ《曽》
た《太》の《乃》し《之》き《起》と《止》き《幾》は《八》
ゆ《由》た《多》か《可》な《奈》り《利》け《介》り《利》

校訂本文

吉　二二一　鶴の林に会ふがごとし
千代までと栄ゆる鶴の齢《よはひ》こそ楽しきときは豊かなりけり

現代語訳

吉　二二一　鶴のいる林に出くわすようなものだ

千年まで栄える鶴の年齢と同じくらい長く、楽しい時間は豊かなのだなあ。

歌のテーマ

幸運。繁栄。長寿。

占いメッセージ

幸運な出会いがありそう。この歌を引いたあなたは「鶴のいる林に出くわすようなもの」、つまり、とても幸運で不安もなく心が満たされた機会に恵まれるでしょう。鶴は長寿の象徴で、鶴が集まる林は安らぎの境地とも考えられています。この歌は楽しいときが長く豊かに続くことを示しています。「自分は今幸せだ」と思って前向きに行動すれば、さらに好循環が生まれるでしょう。やってみたいと思っていたことをはじめてみるのもおすすめです。

挿絵

松の前に立つ二羽の鶴。

挿絵のモチーフ

二羽の鶴。松。草。

くずし字のポイント

✔「つるのはやし」の「（也《や》）」は「（由《ゆ》）」に類似。

二二二　おもほへで

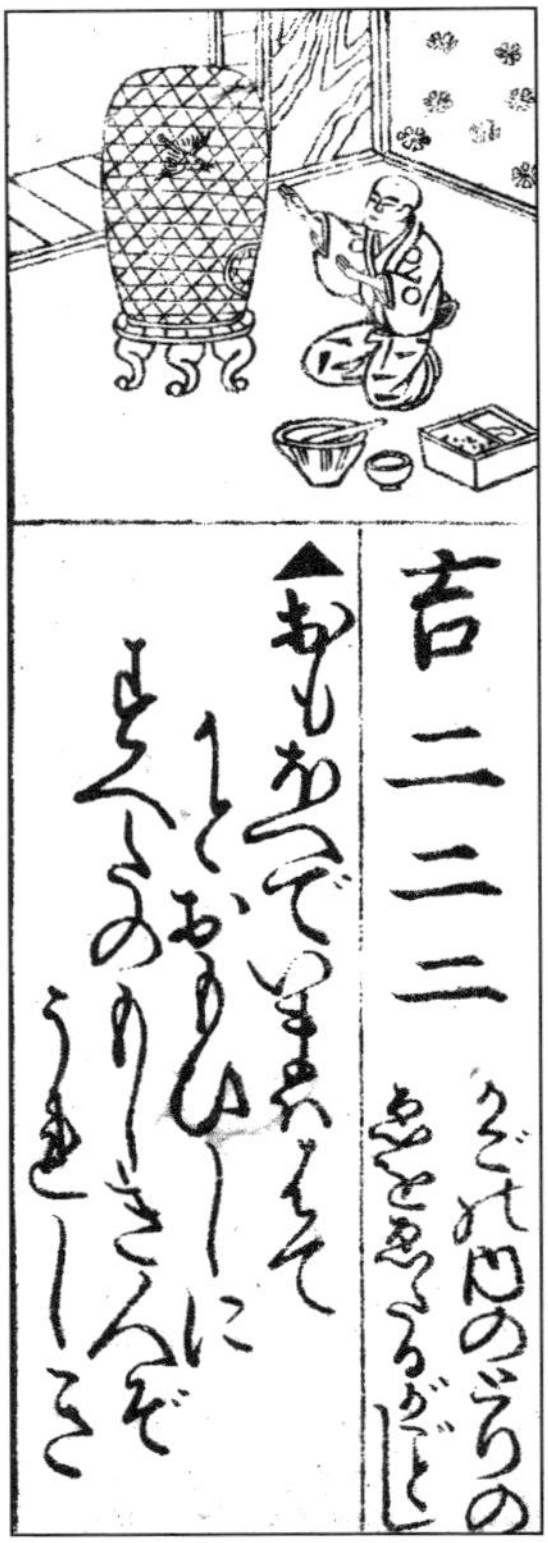

翻刻と字母

吉　二二二　かごの《可己能》内のとりの《乃止利乃》　ゑをゑたるがごとし《恵遠恵多留可己止之》

▲おもほへでいまははて《於毛本部天以末八者天》

かとおもひしに《可止於毛比之仁》

すへたのもしき《春部多乃毛之幾》人ぞ《曽》

うれしき《宇連之幾》

校訂本文

吉　二二二　籠の内の鳥の餌を得たるがごとし

思ほえで今は果てかと思ひしに末頼もしき人ぞうれしき

現代語訳

吉　二二二　籠の中の鳥が餌を得たようなものだ

思いがけずもうダメだと思ったけれど、これから先に頼りになる人があらわれてうれしい。

歌のテーマ

サポート。精神的な支えになる人。

占いメッセージ

あなたを助けてくれる存在があらわれます。困ったことがあるときは、小鳥が鳴いてアピールするように、自分から声に出して助けを求めましょう。籠の中の鳥のように思うとおりにならない状況で助けてもらえるのはありがたいことです。何かお世話になったときは感謝の気持ちをかならず伝えてください。感謝を伝える習慣が身につくことで、より多くの人があなたを助けてくれるようになり、精神的な支えも見つかるでしょう。

挿絵

坊主頭の男が鳥籠の中の鳥を世話している。

挿絵のモチーフ

閉じ扇柄の袴《はかま》をはいた坊主頭の男。鳥籠と猫脚の台。一羽の鳥。すり鉢。すり餌。桜柄の壁紙。木目の壁。縁側。障子。

二二三　風こそは

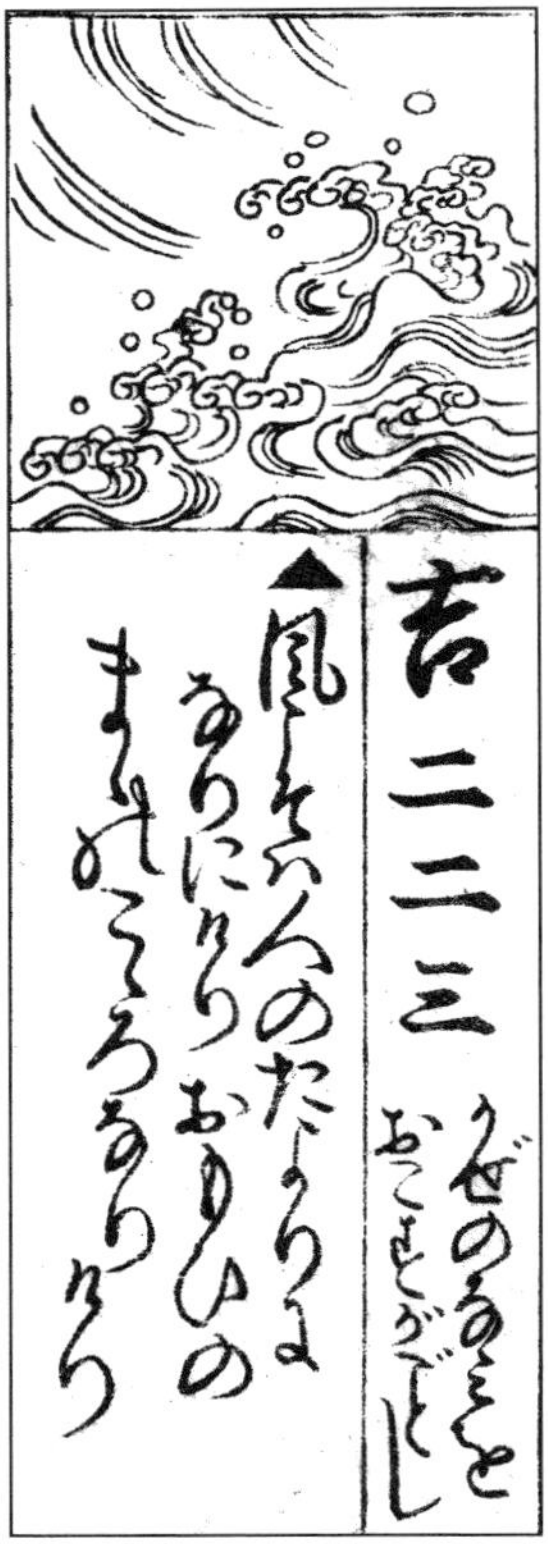
吉 二二三
かぜのなみを
おこすがごとし
▲風こそは人のたよりに
なりにけりおもひの
まゝのこゝろなり
けり

翻刻と字母

吉　二二三　か《可》ぜ《世》の《乃》な《奈》み《三》を《遠》　お《於》こ《己》す《春》が《可》ご《己》と《止》し《之》

▲風《ふう》こ《己》そ《曽》は《八》人の《乃》た《太》よ《与》り《利》に《尓》
な《奈》り《利》に《仁》け《介》り《利》お《於》も《毛》ひ《比》の《乃》
ま《末》ゝの《能》こ《己》ゝろ《呂》な《奈》り《利》
け《介》り《利》

校訂本文

吉　二二三　風の波を起こすがごとし
風こそは人の頼りになりにけり思ひのままの心なりけり

現代語訳

吉　二二三　風が波を起こすようなものだ

無風で身動きできなかったけど、風こそは人の頼みになるものだったんだ。思い通りになるものだなあ。

歌のテーマ

波に乗る。意のまま。

占いメッセージ

順風満帆。流れに身を任せて。周囲の人や新しい環境、タイミングが、あなたの背中を押してくれそうです。その追い風に身を任せれば、きっとよい方向に行くでしょう。ただ、注意しておきたいのは漫然と流されるのではなく自分の意志で流れること。まわりの環境や人の意見に流されるままだと、自分のいるべき場所を見失い、思わぬ方向へ進んでしまうかもしれません。これから進みたい方向や最終的な目的地を明確にしておくことが肝要です。

挿絵

風で波が立っている。

挿絵のモチーフ

強風。荒波。水しぶき。

くずし字のポイント

✓「風こそ」の「(己《こ》)」は見落としやすいので注意。

✓(風)のくずし字は重要なので覚えましょう。

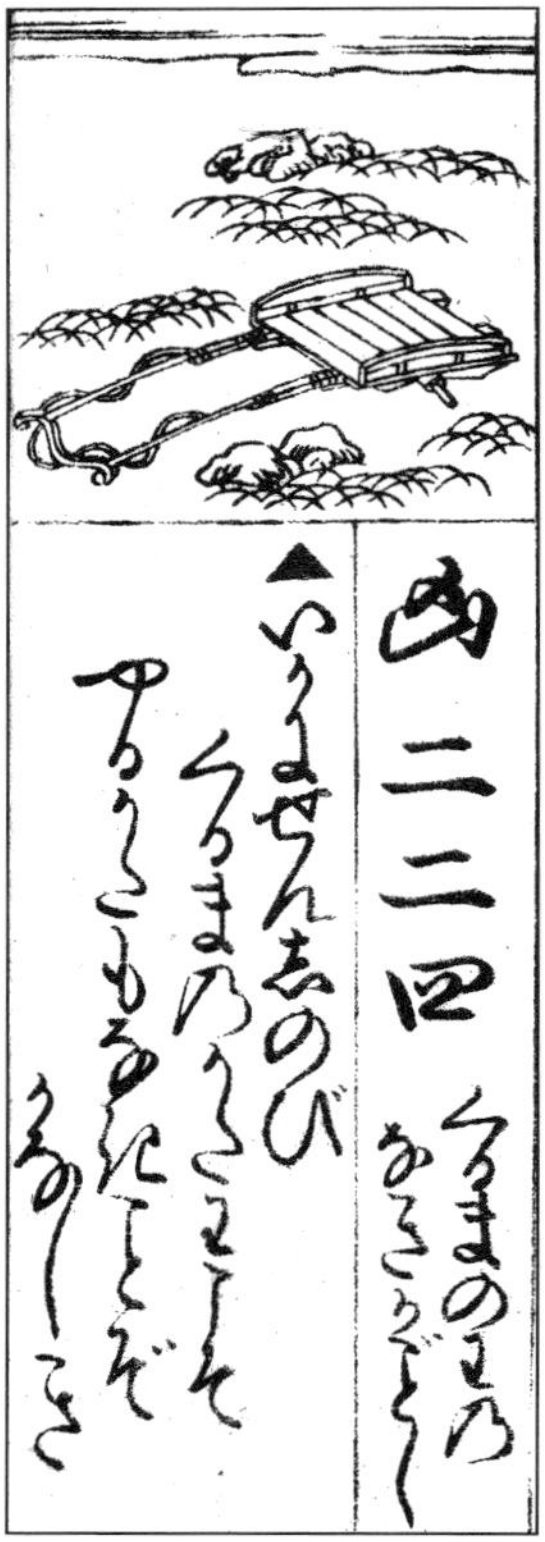

翻刻と字母

凶　二二四　くるまのわの《久留末乃王乃》　なきがごとし《奈幾可己止之》

▲いかにせんしのび《以可尓世无志乃比》
くるまのかたわこそ《久留末乃可多王己曽》
やるかたもなきことぞ《也留可多毛奈起己止曽》
かなしき《可奈之幾》

校訂本文

凶　二二四　車の輪の無きがごとし

いかにせん忍び車の片輪《かたわ》こそやるかたも無きことぞ悲しき

現代語訳

凶　二二四　車に車輪が無いようなものだ

いったいどうすればよいのだろう。人目を避けて乗っていく車の車輪が片方だけで、どうにもできず悲しい。

歌のテーマ

戸惑い。見直し。

占いメッセージ

現状を見直してみましょう。歌に「やるかたもなし」とあるように、どうしようもない気持ちや状況になっていませんか。いまはまだ必要なものがそろっていない状態のようです。それは車でいえば車輪がないようなもの。状況が整うまで、やみくもに走り出すのではなく、一度立ち止まってみましょう。今は目標を達成するための準備期間なのです。これから進む方向や手段を再考し、自分の体制を立て直すことに注力してください。

挿絵

草むらに置かれた車輪のない車。

挿絵のモチーフ

車輪のない車。草むら。石。

くずし字のポイント

✔「なきがごとし」「かなしき」の「(奈《な》)」は「(留《る》)」に類似。

✔「やるかたもなき」の「(也《や》)」は「(由《ゆ》)」に類似。

二三一　ちぎるべき

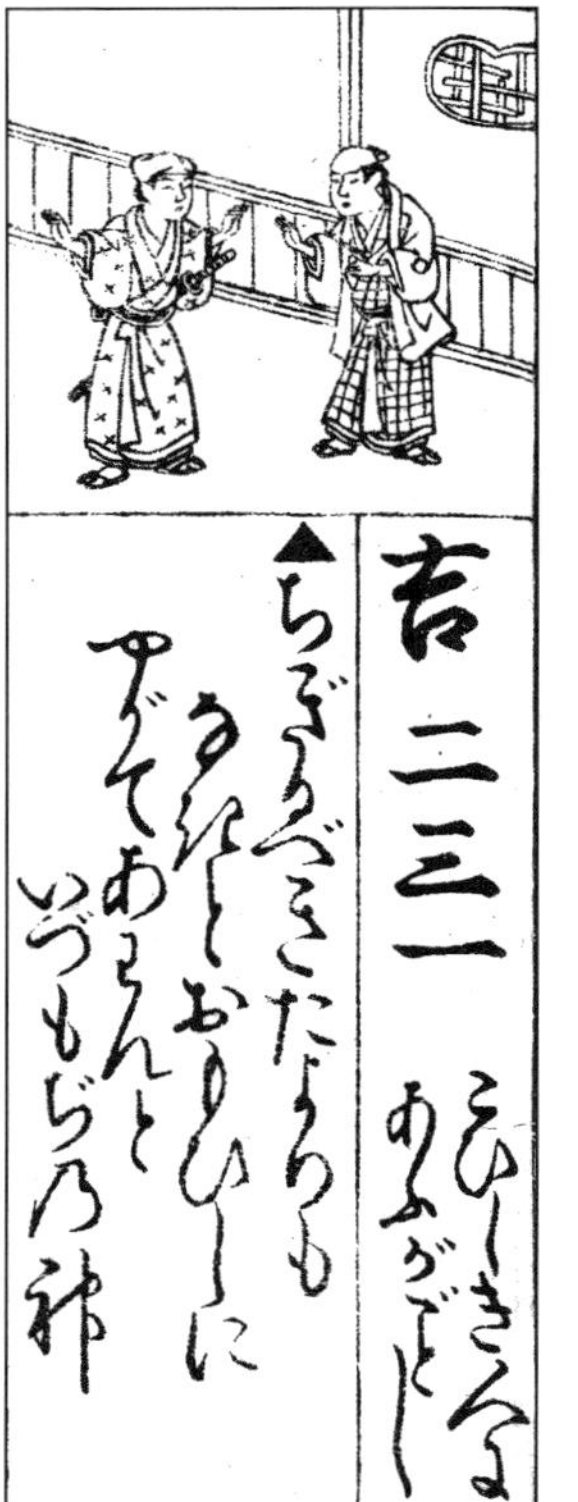

翻刻と字母

吉　二三一　こ《己》ひ《比》し《之》き《幾》人に《尓》　あ《安》ふ《不》が《可》ご《己》と《止》し《之》

▲ち《知》ぎ《幾》る《留》べ《部》き《幾》た《太》よ《与》り《利》も《毛》

な《奈》き《起》と《止》お《於》も《毛》ひ《比》し《之》に《仁》

や《也》が《可》て《天》あ《安》わ《王》ん《无》と《止》

い《以》づ《川》も《毛》ぢ《知》の《乃》神

校訂本文

吉　二三一　恋しき人に逢ふがごとし

契るべきたよりもなきと思ひしにやがて逢はんと出雲路《いずもぢ》の神

参考

＊「出雲路の神」は京都から出雲へ行く入り口に当たる、京都の賀茂川の西、一条通りの北にある出雲路の道祖神か。現在の京都市上京区今出川幸神町《さいのかみちょう》の出雲路道祖神社（現在の幸《さい》神社《さいのかみのやしろ》）。縁結びの神として信仰される。

現代語訳

吉　二三一　恋しい人に逢うようなものだ

結ばれるきっかけもないと思っていたが、縁結びにご利益のある出雲路の神が「すぐに逢うだろう」と告げている。

歌のテーマ　縁。出逢い。

占いメッセージ

長年求めていたものや手に入らないと思っていたものが見つかりそう。じっと待つのではなく、積極的に行動すると出逢いが早く訪れる可能性大。そのときに大切にしたいのは人とのかかわり方です。たとえば、挿絵の男性二人がなにやら楽しそうに話しているように、相手との会話のキャッチボールを心がけることで、同性、異性にかかわらず、よいご縁が引き寄せられそう。友人や家族、同僚などまわりの人との関係にも気を配って。

挿絵　二人の男が楽しげに話している。

挿絵のモチーフ

格子柄の着物の男。脇差《わきざ》し、手ぬぐいをかぶった十文字柄の着物の男。格子窓。

くずし字のポイント

✔「あふがごとし」の「が（可《か》）」は「たよりも」の「り（利《り》）」に類似。

二三二　身もくるし

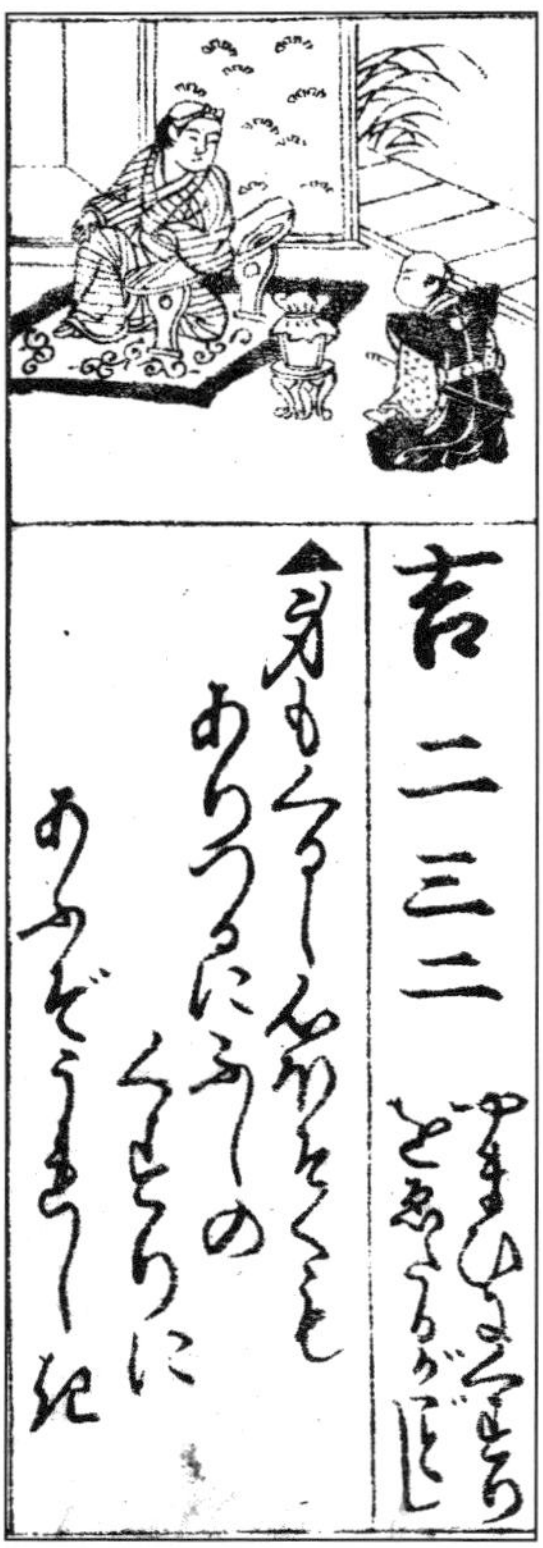

翻刻と字母

吉　二三二　やまひにくすり《也末比尓久春利》　をゑたるがごとし《遠恵多留可己止之》

▲身もくるし《毛久留之》心ほそくも《本曽久毛》
ありつるにふしの《安利川留仁不之乃》
くすりに《久春利仁》
あふぞうれしき《安不曽宇連之起》

校訂本文

吉　二三二　病に薬を得たるがごとし
身も苦し心細くもありつるに不死の薬に逢ふぞうれしき

現代語訳

吉　二三二　病気のときに薬を得たようなものだ

苦しくて心細かったけれど、不死の薬にめぐりあって、とてもうれしいなあ。

歌のテーマ

回復。解決。逆境の克服。

占いメッセージ

悩みが解決しそう。病に苦しむ男が不死の薬をもらえるように、これまで思い悩んでいたことがよい方向にいくでしょう。あなたにとって和歌に詠まれた「不死の薬」に当たるのはどのようなものでしょうか。挿絵を見ると、中央の男性は人から薬を献上されています。これは、悩みを解決するヒントが人からもたらされることを示しています。気になることを相談してみるなど、いつも以上に人とのコミュニケーションを密にするとよいでしょう。

挿絵

二人の男が薬壺をはさんで座っている。

挿絵のモチーフ

黒紋付袴《はかま》姿の武士。猫脚の台と薬壺。唐草文様の敷物。縞柄の着物の男。肘掛け。松文様のついたて。縁側。草。

くずし字のポイント

✔「やまひに」の「（尓《に》）」は「（留《る》）」に類似。文脈を意識して判読する。

✔（心）のくずし字は重要なので覚えましょう。

二三三　おもひでの

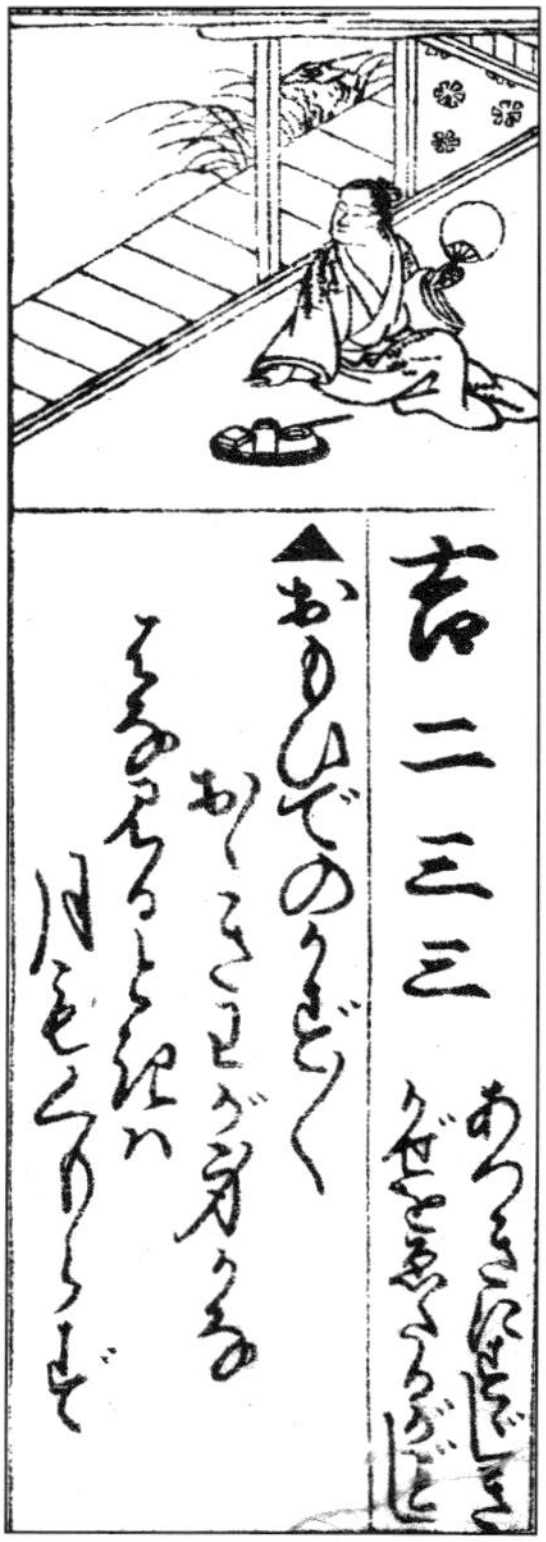

翻刻と字母

吉　二三三　あ《安》つ《川》き《幾》に《仁》す《春》ゞし《之》き《幾》　か《可》ぜ《世》を《遠》ゑ《恵》た《多》る《留》が《可》ご《己》と《止》し《之》
▲お《於》も《毛》ひ《比》で《天》の《乃》か《可》ず《春》く
お《於》ゝき《幾》わ《王》が《可》身か《可》な《奈》
は《者》な《奈》見る《留》と《止》き《起》は《八》
月も《毛》く《久》も《毛》ら《良》ず《春》

校訂本文

吉　二三三　暑きに涼しき風を得たるがごとし
思ひ出の数々多き我が身かな花見るときは月も曇らず

現代語訳

吉　二三三　暑いときに涼しい風が吹いてくるようなものだ

私にはよい思い出が多いなあ。花を見るとき月も曇っていないのだから。

歌のテーマ

幸運。思い出。二重の幸せ。よいタイミング。くつろぎ。

占いメッセージ

よい運気に巡り合わせます。その流れに身を任せれば万事うまくいきそう。挿絵の男のようにゆったりとくつろいで、過去をふりかえったり、五年後、十年後にこうありたいという理想の姿を思い描いたりするのもおすすめです。もし思うようにいかないと感じているなら、まずは気持ちを落ち着かせましょう。ペースをゆるめて立ち止まったり、のんびり窓辺で休んだりすることで、気持ちのよい風が外から吹いてくることに気づくものです。まずは深呼吸を。

挿絵

団扇《うちわ》を手にした男が外を眺めている。

挿絵のモチーフ

団扇を持った着物姿の男。桜柄の襖《ふすま》。縁側。丸盆の上に器と箸。草。

くずし字のポイント

✔「かな」「はな」の「（奈《な》）」は「（留《る》）」に類似。

✔「あつき」「すゞしき」「おゝき」の「（幾《き》）」と「みるとき」の「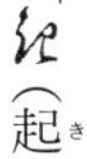（起《き》）」は字母が異なる。

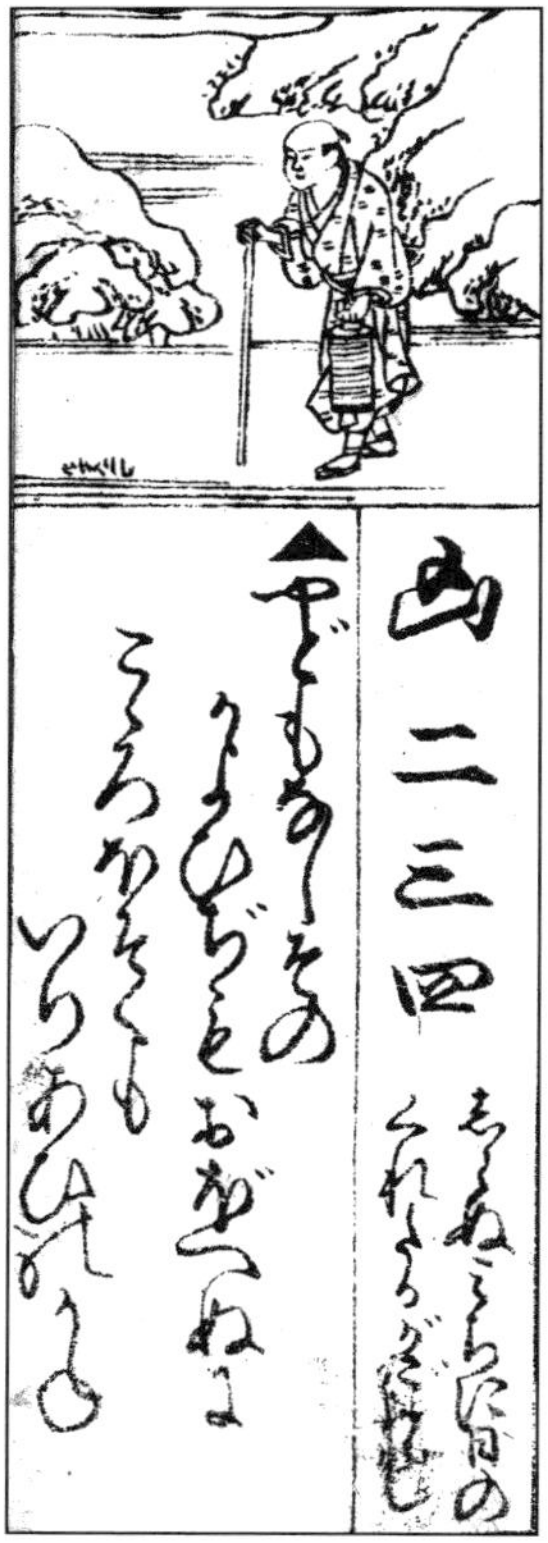

翻刻と字母

凶　二三四　し《志》ら《良》ぬ《奴》み《三》ち《知》に《仁》日の《乃》　く《久》れ《礼》た《多》る《留》が《可》ご《己》と《止》し《之》

▲や《也》ど《止》も《毛》な《奈》し《之》そ《曽》の《乃》

か《可》よ《与》ひ《比》ぢ《知》も《毛》お《於》ぼ《本》へ《部》ぬ《奴》に《尓》

こ《己》ゝろ《呂》ほ《本》そ《曽》く《久》も《毛》

い《以》り《利》あ《安》ひ《比》の《能》か《可》ね《年》

校訂本文

凶　二三四　知らぬ道に日の暮れたるがごとし

宿も無しその通ひ路も覚えぬに心細くも入相《いりあひ》の鐘

現代語訳

凶　二三四　知らない場所で日が暮れてしまったようだ

宿もなく、宿へ行く道もわからないというのに、日暮れを告げる入相の鐘が鳴ってしまい、なんとも心細い。

歌のテーマ

未知。不安。心細さ。

占いメッセージ

人生に不安はつきもの。生きていると、なにかと心細く、不安になることがあります。そんなときは立ち止まって深呼吸してください。避けたいのは焦って行動をしてしまうこと。追い詰められたときこそ、落ち着いてまわりを見ることが大切です。歌に詠まれた「入相の鐘」は日没を告げるお寺の鐘です。自分の居場所を落ち着いて確認したら、お寺のように安心できる場所をめざし、足もとをよく見て、ゆっくりと先へ進みましょう。

挿絵

男が杖をついて山道を歩いている。

挿絵のモチーフ

草鞋《わらじ》を履いた二崩し柄の着物の男。提灯《ちょうちん》。杖。岩山。

くずし字のポイント

✔「やどもなし」の「（奈《な》）」が「（留《る》）」に類似。

二四一　ただたのめ

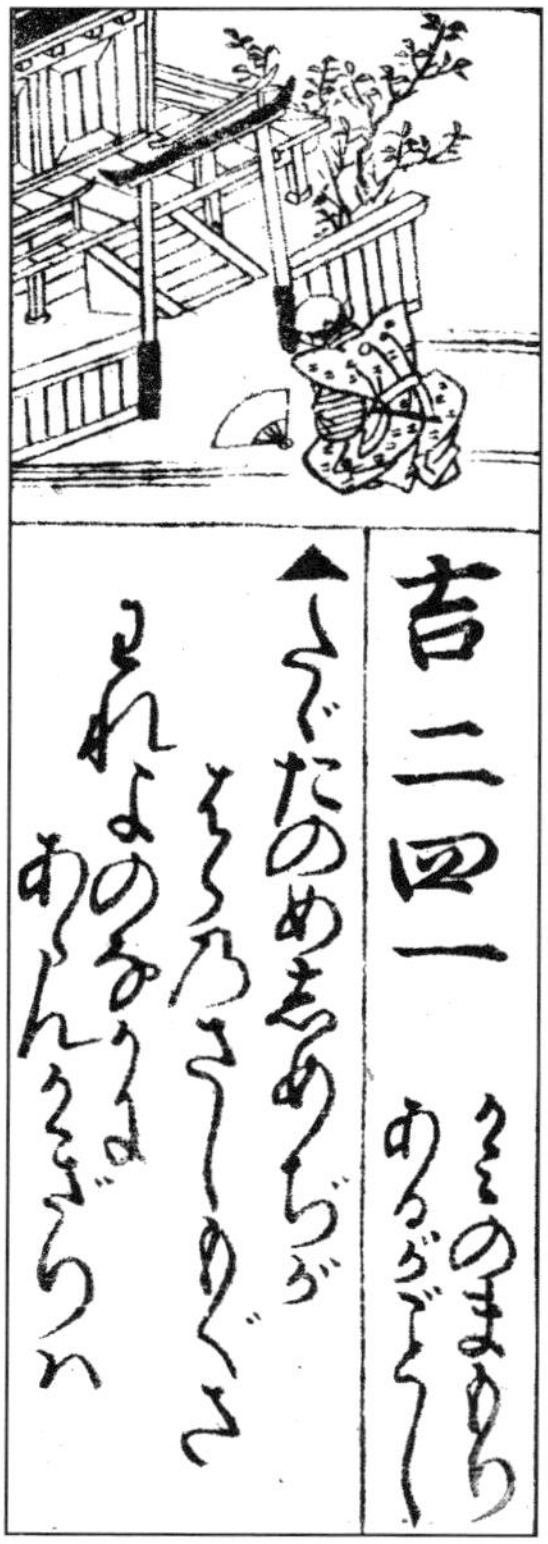

翻刻と字母

吉　二四一　か《可》み《三》の《乃》ま《末》も《毛》り《利》　あ《安》る《留》が《可》ご《己》と《止》し《之》
▲た《多》ゞた《太》の《乃》め《女》し《志》め《女》ぢ《知》が《可》
は《者》ら《良》の《乃》さ《左》し《之》も《毛》ぐ《久》さ《左》
わ《王》れ《礼》よ《与》の《乃》な《奈》か《可》に《尓》
あ《安》ら《良》ん《无》か《可》ぎ《幾》り《利》は《八》

校訂本文

吉　二四一　神の守りあるがごとし
ただ頼めしめぢが原のさしも草われ世の中にあらんかぎりは

参考

＊『新古今和歌集』に収められた清水寺の観音菩薩のお告げの歌「なほ頼めしめぢが原のさせも草わが世の中にあらんかぎりは」に基づく和歌。神仏のお告げの歌が歌占に入っているのは、歌占のルーツがお告げにあることを示唆する。

現代語訳

吉　二四一　神の守護があるようなものだ

私がこの世にいるかぎり頼りにするがよい。しめぢが原のもぐさが燃えるように胸を焦がして思い悩んだときは。

歌のテーマ

信頼。守護。情熱。

占いメッセージ

信頼を大切に。神仏や名言、友だち、先輩、先生など、自分にとって信じられるものを持つことが開運のきっかけとなります。これなら信じられると思ったものに頼ることで、有益なアドバイスやサポートを受けられるでしょう。歌の「しめぢが原のさしも草」はお灸にもちいるもぐさのことです。熱く燃えるもぐさのように、情熱を燃やすことも運気アップにつながります。やりとげたいことがあるのなら、目標を定めて情熱をもって取り組みましょう。

挿絵

男が扇子を広げ鳥居の前で祈っている。

挿絵のモチーフ

紋付の裃《かみしも》姿の男。扇子。鳥居。神社の社殿。木。垣根。

くずし字のポイント

✔「しめぢがはら」「あらん」の「ら（良《ら》）」は踊り字「〱」に類似。

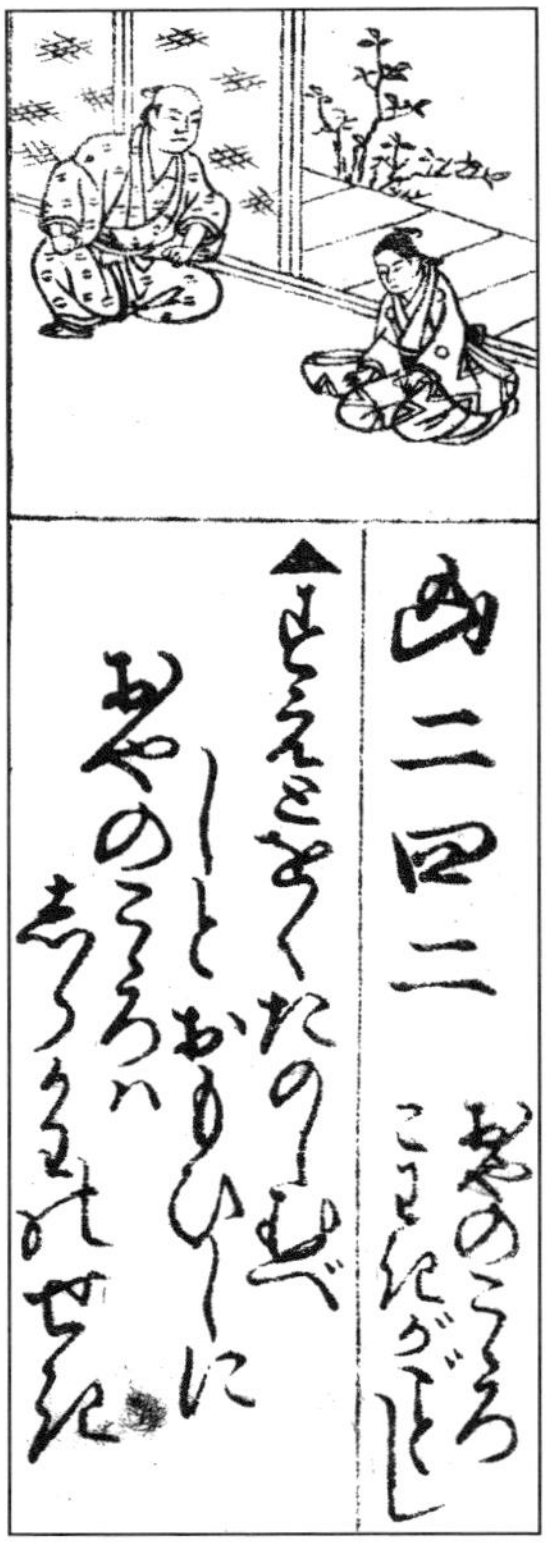

翻刻と字母

凶　二四二　お《於》や《也》の《乃》こ《己》ゝろ《呂》　こ《己》わ《王》き《起》が《可》ご《己》と《止》し《之》
▲す《春》え《衣》と《止》を《遠》く《久》た《太》の《乃》し《之》む《武》べ《部》
し《之》と《止》お《於》も《毛》ひ《比》し《之》に《仁》
お《於》や《也》の《乃》こ《己》ゝろ《呂》は《八》
し《志》ら《良》か《可》わ《王》の《能》せ《世》き《起》

校訂本文

凶　二四二　親の心怖きがごとし
末遠く楽しむべしと思ひしに親の心は白河の関

参考

＊「白河」は、知らないという意味の「知ら」を掛ける。
＊「白河の関」は関東と陸奥との関所。現在の福島県に位置する。江戸時代の人々にとっては「関東の果て」という認識だった。

現代語訳

凶　二四二　親の心を怖く感じるようなものだ

これからずっと楽しもうと思っていたのに、親が白河の関のように自分の行動を遮っている。「親の心、子知らず」と言うように、子どもには親の気持ちがわからないものだ。

歌のテーマ　障害。無理解。食い違い。

占いメッセージ　周囲の理解が必要なとき。心からやりたいことがあるのなら理解を得ることを怠らないで。自分のことを優先して、身近な人と喧嘩してしまう暗示が出ています。やりたいことを人から否定されるのは悲しいし、腹を立ててしまうかもしれませんが、親のようにあなたのことを大切に思うからこそ厳しくなるのでしょう。人と対立したときは、自分の行動が独りよがりになっていないか、相手はどういう気持ちでいるかを冷静に考えてみましょう。

挿絵　父親が娘を叱っている。

挿絵のモチーフ　二崩し柄の着物の厳しい表情をした父親。丸と菱の文様の着物を着た、うつむく娘。井桁《いげた》柄の襖《ふすま》。縁側。庭の木。

くずし字のポイント

✔「こゝろ」の二文字目は踊り字「ゝ」。

二四三　いひもせず

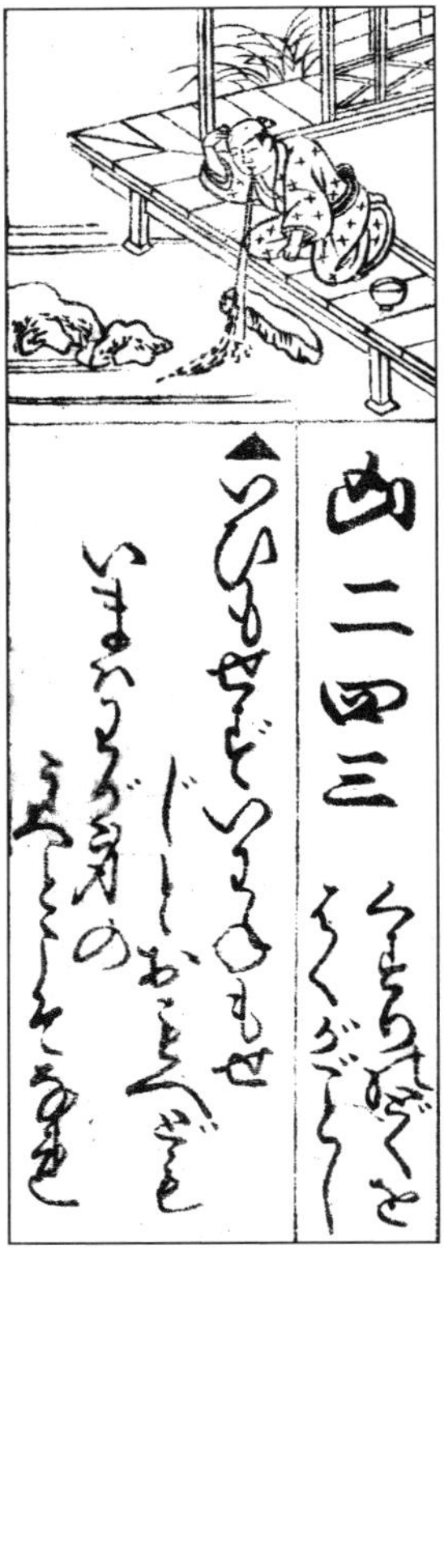

翻刻と字母

凶　二四三　く《久》す《春》り《利》の《能》ど《止》く《久》を《遠》　は《者》く《久》が《可》ご《己》と《止》し《之》

▲い《以》ひ《比》も《毛》せ《世》ず《春》い《以》わ《王》ね《年》も《毛》せ《世》

じ《之》と《止》お《於》も《毛》へ《部》ど《止》も《毛》

い《以》ま《末》は《八》わ《王》が《可》身の《乃》

う《宇》へ《部》と《止》こ《己》そ《曽》な《奈》れ《連》

校訂本文

凶　二四三　薬の毒を吐くがごとし

言ひもせず言はねもせじと思へども今は我が身の上とこそなれ

現代語訳

凶　二四三　薬の毒を吐くようなものだ

言うこともせず言わないこともするまいと思って何もしていないのに、今は自分の身の上に降りかかってしまったなあ。

歌のテーマ

思わぬトラブル。副作用。デトックス。

占いメッセージ

よかれと思ってやったことが裏目に出そう。体を治す薬がかえって毒になってしまうように、本来あってほしいこととは異なる結果が生じるかもしれません。よりによってと思うような予想外のトラブルが起きたときは、自分に悪影響を及ぼしている原因を思いつくかぎり書き出してみてください。自分に必要なものとそうでないものを冷静に整理することで、いま何をすればよいかが具体的に見えてくるでしょう。

挿絵

男が薬の毒に当たり吐いている。

挿絵のモチーフ

嘔吐する十文字柄の着物の男。薬の入った茶碗。縁側。庭石。草。障子。踏み石。

二四四 ひとりして

翻刻と字母

凶　二四四　女の《乃》おとこ《於止己》二人　もつがごとし《毛川可己止之》

▲ひとりしてふたりを《比止利之天不多利遠》

おもふいかなれは《於毛不以可奈礼八》

ふたりにひとり《不多利尓比止利》

おもはさりけり《於毛八左利介利》

校訂本文

凶　二四四　女の男二人もつがごとし

一人して二人を思ふいかなればニ人に一人思はざりけり

現代語訳

凶　二四四　女が男二人と関係を持つようなものだ

一人で二人を思っている。どうすれば二人のうちの一人を思わないでいられるだろう。

歌のテーマ

欲望。執着。優柔不断。

占いメッセージ

あなたは大事なものを一つに決められますか。この歌は、二人のことをどちらも好きで一人を選べないと詠んでいます。人は欲張りなもので、たくさんのものを同時に欲しがってしまいがちです。しかし自分の体は一つ、一日は二四時間、お金もかぎられています。その中ですべてを叶えるのは難しく、優先順位をつけて選ぶ必要があります。自分にとってより重要なものが何かを軸に考えてみましょう。

挿絵

室内にいる男と、門前で男と会う女。

挿絵のモチーフ

黒紋付の羽織に縞柄の着物の男。流水文様の着物の女。二崩し柄の着物の男。門。庭の木。

三一一　いままでは

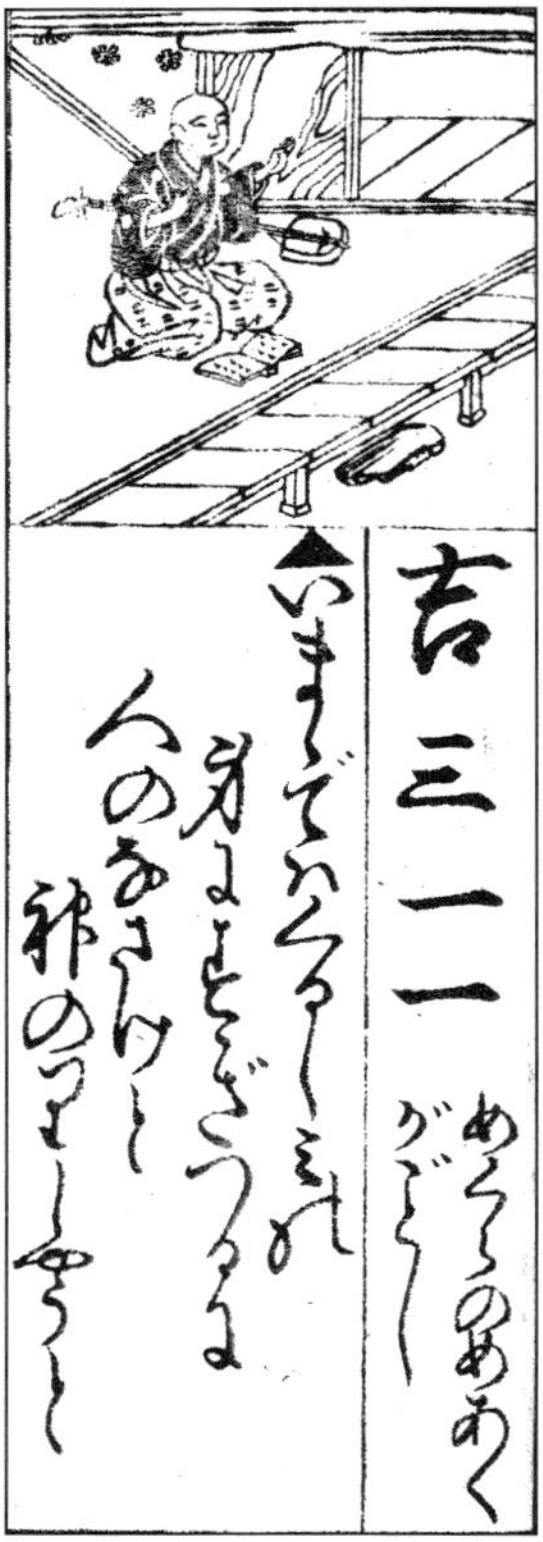

翻刻と字母

吉　三一一　め《女》く《久》ら《良》の《乃》め《女》あ《安》く《久》　が《可》ご《己》と《止》し《之》

▲い《以》ま《末》ゝで《天》は《八》く《久》る《留》し《之》み《三》の《能》

身に《尓》す《春》ぎ《幾》つ《川》る《留》に《尓》

人の《乃》な《奈》さ《左》け《計》と《止》

神の《乃》り《里》し《之》や《也》う《宇》と《止》

校訂本文

吉　三一一　めくらの目開《あ》くがごとし

今までは苦しみの身に過ぎつるに人の情けと神の利生《りしやう》と

参考

＊江戸時代、三味線弾きは盲目の人に多い職業だった。

現代語訳

吉　三一　盲人の目が見えるようになったようなものだ

今までは苦しみが身にあまるほどだったが、人の情けと神のご利益とのおかげで救われた。

歌のテーマ

好転。人情。ご利益。

占いメッセージ

視界がひらけます。困ったときに手を差し伸べてくれる人があらわれるでしょう。目の前が暗くなるくらいつらいことがあると、くじけてしまいそうになりますが、その苦しみは永遠ではありません。ジタバタせずに現状を受け入れ、状況が好転するときを待ってください。人から助けてもらうためには、日頃の心がけが大切です。自分を支えてくれる人に心から感謝して、自分も人の助けになることを意識すると、さらに運気がアップします。

挿絵

三味線弾きの坊主が外を見ている。

挿絵のモチーフ

黒紋付袴《はかま》姿の坊主。三味線。書物。縁側。踏み石。桜柄の壁紙。木目の引き戸。

三一二　たのしみに

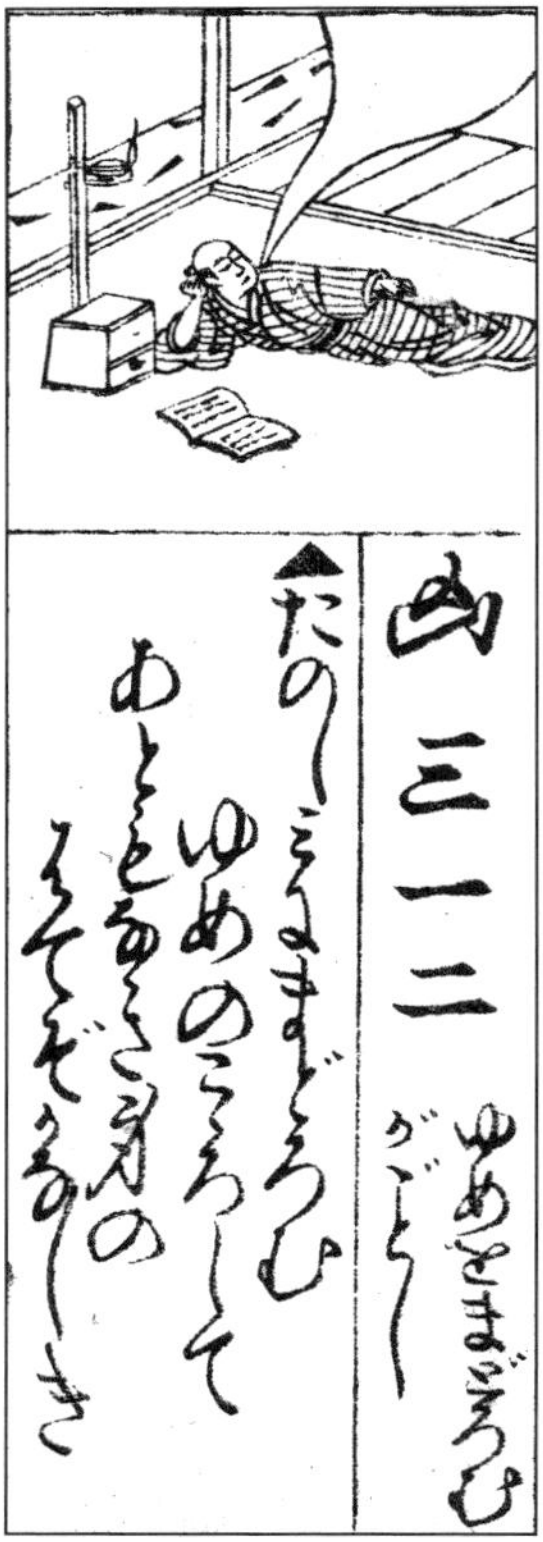

翻刻と字母

凶　三一二　ゆめをまどろむ《由女遠末止呂武》　がごとし《可己止之》

▲たのしみにまどろむ《太乃之三尓末止呂武》

ゆめのこ《由女乃己》ゝろして《呂之天》

あともなき《安止毛奈幾》身の《乃》

はてぞかなしき《者天曽可奈之幾》

校訂本文

凶　三一二　夢をまどろむがごとし

楽しみにまどろむ夢の心して跡もなき身の果てぞ悲しき

現代語訳

凶　三一二　夢を見てまどろんでいるようなものだ

楽しい夢にまどろむような気持ちでいながら、頼りない我が身のなれの果てが悲しい。

歌のテーマ

現実逃避。夢想。一時的な快楽。

占いメッセージ

行動しないで夢ばかり見ていませんか。現実は理想通りにはいかないものです。理想と現実のギャップに向き合うのはつらいものですが、かといって現実から逃避してばかりでは何も変わりません。行動することではじめて実現に近づくのです。理想の実現には知識も必要ですが、いくら本を読んで知識を蓄えても、行動が伴わなければ、それは夢物語に終わってしまいます。やりたいことがあるのなら、ともかく行動することを心がけましょう。

挿絵

男が寝転んで夢を見ている。

挿絵のモチーフ

横縞柄の着物の男。夢をあらわすふきだし。本。引き出し付きの行灯《あんどん》。

三一三　おもひあり

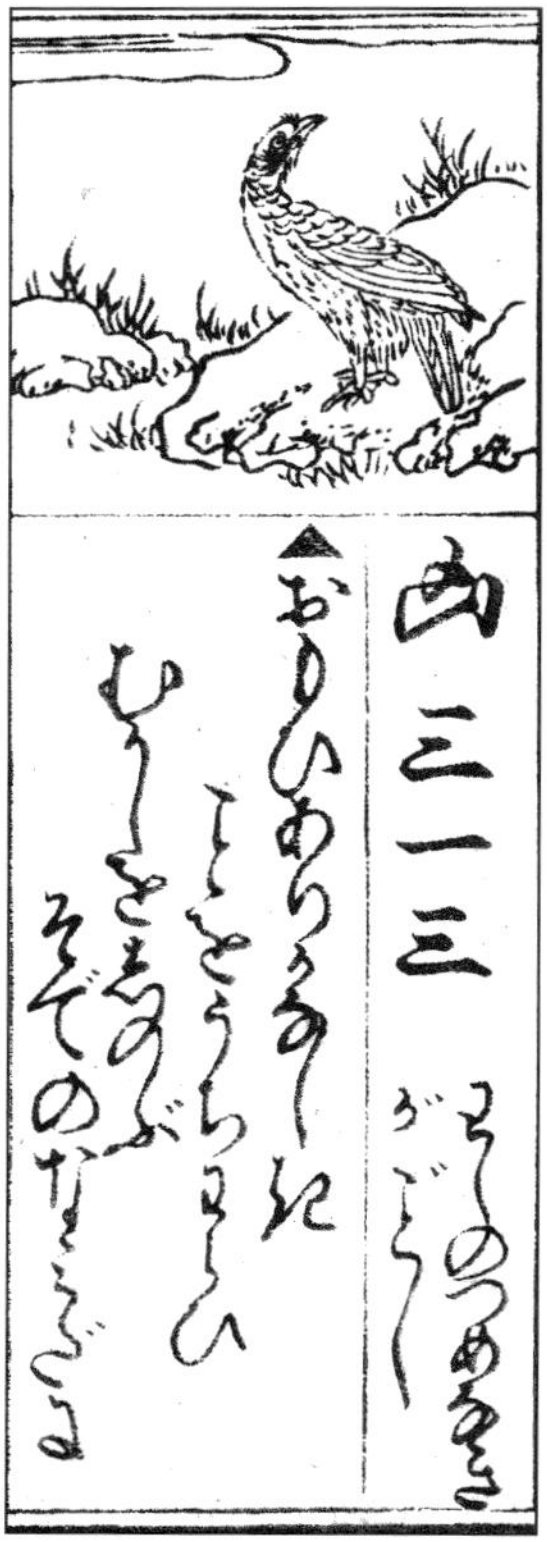

翻刻と字母

凶　三一三　わしのつめなき《王之乃川女奈幾》　がごとし《可己止之》

▲おもひありかなしき《於毛比安利可奈之起》
ことをうちわらひ《己止遠宇知王良比》
むかしをしのぶ《武可之遠志乃不》
そでのなみだに《曽天乃奈三多尓》

校訂本文

凶　三一三　鷲の爪なきがごとし

思ひあり悲しきことをうち笑ひ昔をしのぶ袖の涙に

現代語訳

凶　三一三　爪のない鷲のようだ

悲しみを打ち消そうと笑って昔を思い出せば涙がこぼれ、まだあの人への思いが残っているのに気づく。

歌のテーマ

過去への執着。思い出。欠損。

占いメッセージ

過去にとらわれていませんか。あのころはよかったと思い出にひたって現実に向き合えなくなり、本来の力を発揮しきれていない可能性があります。思い出はかけがえのないものですが、よりよい思い出をつくるためには現在を充実させることが大切です。まずは自分の強みを生かすことを考えてみましょう。爪を失った鷲のように無力さを感じたときは、無理に動かず、休養して気力と体力を回復させることを優先してください。

挿絵

空を見つめる爪のない鷲。

挿絵のモチーフ

爪のない鷲。岩。草。

くずし字のポイント

✔「むかし」の「（之《し》）」と「しのぶ」の「（志《し》）」は字母が異なる。

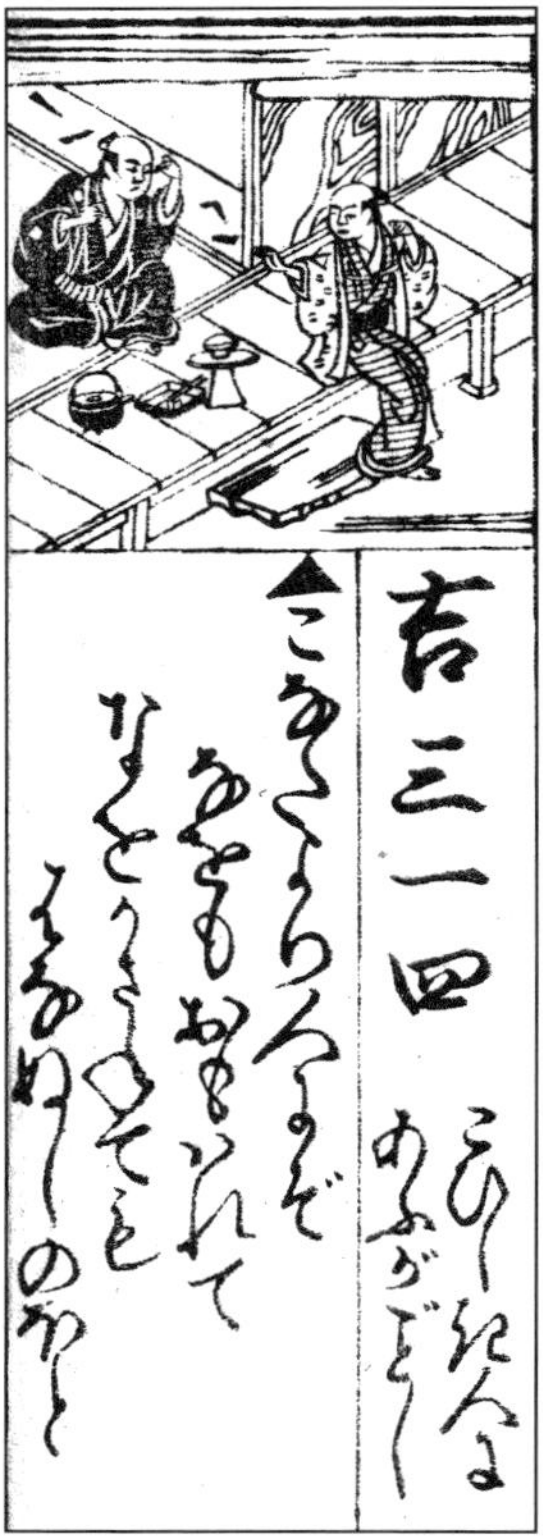

翻刻と字母

吉　三一四　こ《己》ひ《比》し《之》き《起》人に《尓》　あ《安》ふ《不》が《可》ご《己》と《止》し《之》

▲こ《己》な《奈》た《多》よ《与》り《利》人に《尓》ぞ《曽》

な《奈》を《遠》も《毛》お《於》も《毛》は《八》れ《礼》て《天》

な《奈》を《遠》か《可》さ《左》ね《年》て《天》も《毛》

は《者》な《奈》ぬ《奴》し《之》の《乃》ほ《本》と《止》

校訂本文

吉　三一四　恋しき人に逢ふがごとし

こなたより人にぞ猶《なほ》も思はれて猶重ねても花主のほど

現代語訳

吉　三一四　恋しい人に逢うようなものだ

昔から人に思いをかけられて、やはり時を重ねても花の持ち主のように魅力的だ。

歌のテーマ　成熟。魅力。自分磨き。

占いメッセージ

あなたの魅力がもっと高まりそう。自分磨きにぴったりのタイミングです。好きな人と会う約束をしたときは、その日に向けて少しでもきれいになりたいと思って自分磨きにはげもうとするものです。それと同じように、もっと魅力的になりたいと思ったら、具体的な目標を決めて努力しましょう。挿絵のように、気の合う人と楽しく話したり、おいしいものを食べたりして、豊かな時間を重ねるのもおすすめです。

挿絵　二人の男が酒肴をはさんで楽しんでいる。

挿絵のモチーフ　二崩し柄の羽織に横縞柄の着物の男。黒紋付袴《はかま》姿の男。縁側。酒器。肴。木目の木戸。踏み石。

くずし字のポイント

✔「はなぬしのほと」の「（本《ほ》）」は漢字の「不」に類似。

三二一　いかにせん

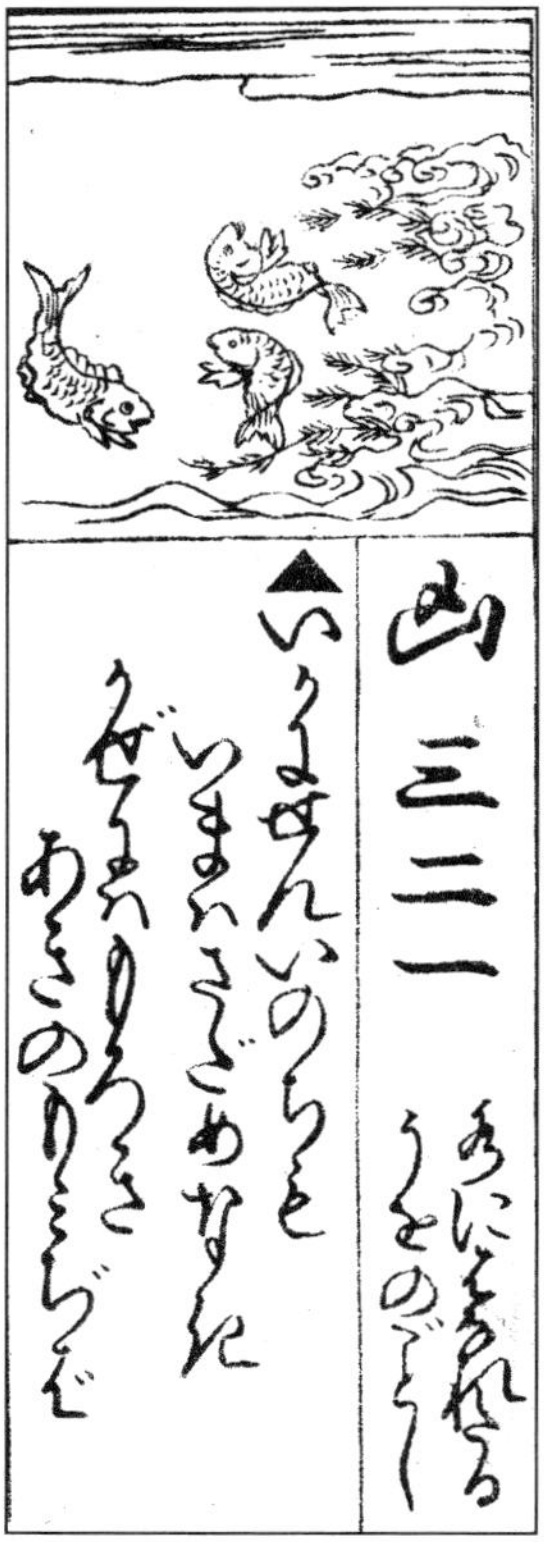

翻刻と字母

凶　三二一　水にはなれたる《仁者奈礼多留》　うをのごとし《宇遠乃己止之》
▲いかにせんいのちも《以可尓世无以乃知毛》
いまはさだめなき《以末八左多女奈起》
かぜにはもろき《可世尓八毛呂幾》
あきのもみぢば《安幾乃毛三知者》

校訂本文

凶　三二一　水に離れたる魚のごとし
いかにせん命も今はさだめなき風にはもろき秋のもみぢ葉

現代語訳

凶　三二一　水から離れた魚のようなものだ

どうしよう。あっけなく風に吹き飛ばされる秋の紅葉のように、これからの命もどうなるかわからない。

歌のテーマ　はかなさ。不適応。

占いメッセージ

水から出された魚のように、本領発揮できる場所がないと感じていませんか。

そんなときは心機一転がおすすめです。慣れた環境から離れるときは不安がつきもので、風に吹き散らされる紅葉のように寄るべのなさを感じるかもしれませんが、現状が息苦しい状態なら、自分に合った環境に移ることで得られるものは大きいでしょう。環境というのは、場所や人間関係だけでなく生活習慣も含まれます。早起きしたり、新しい趣味をはじめたり、いつもの生活を少し変えるのもおすすめです。

挿絵　水の外に放り出された三匹の魚。

挿絵のモチーフ　魚三匹。波。水草。

くずし字のポイント

✔「はなれたる」の「（礼多《れた》）」は一文字に見えるが二文字。

✔ （水）のくずし字は重要なので覚えましょう。

三二二　いゑかげに

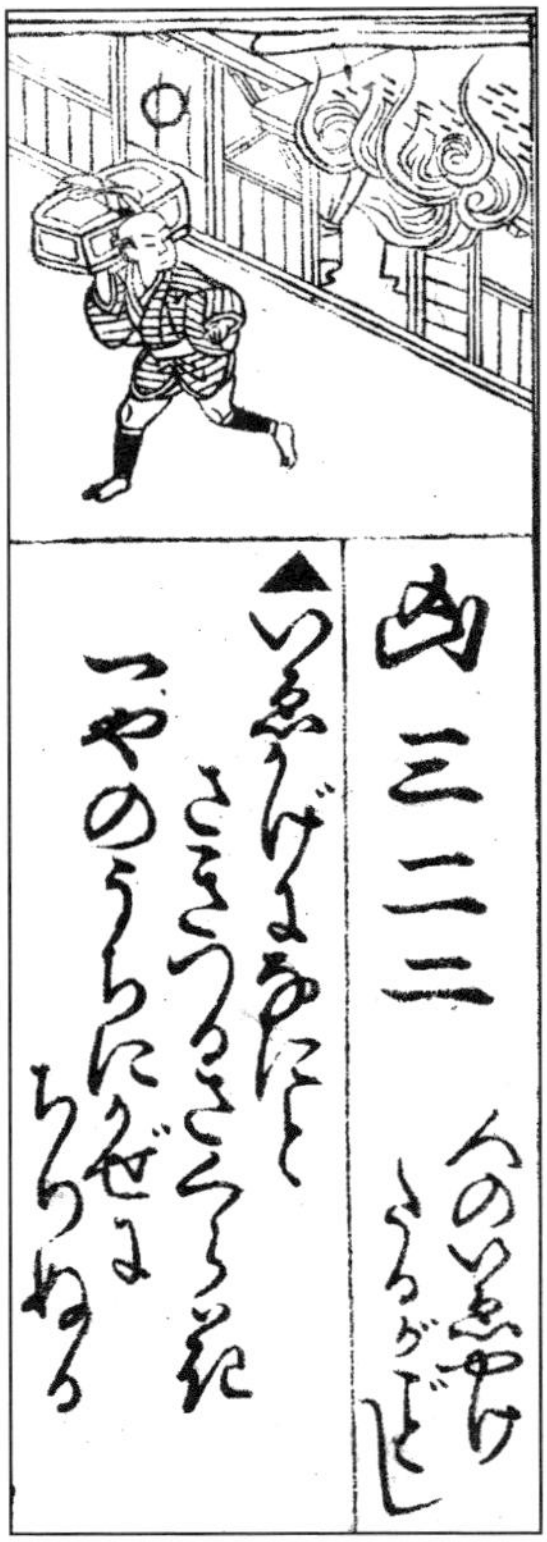

翻刻と字母

凶　三二二　人の《乃》い《以》ゑ《恵》や《也》け《計》　た《多》る《留》が《可》ご《己》と《止》し《之》

▲い《以》ゑ《恵》か《可》げ《計》に《尓》な《奈》に《仁》と《止》

さ《左》き《幾》つ《川》る《留》さ《左》く《久》ら《良》花

一や《也》の《乃》う《宇》ち《知》に《仁》か《可》ぜ《世》に《尓》

ち《知》り《利》ぬ《奴》る《留》

校訂本文

凶　三二二　人の家焼けたるがごとし

家かげに何と咲きつる桜花《さくらばな》　一夜のうちに風に散りぬる

現代語訳

凶　三二二　人の家が焼けているようだ

家の目立たないところになぜか咲いていた桜の花が一夜のうちに風に散ってしまった。

歌のテーマ

無常。消失。はかなさ。

占いメッセージ

永遠に存在するものはありません。一晩で風に散る桜や火事で燃える家など、世の中ははかなく、予測不能でどうしようもないことが起こります。毎日が平凡でつまらないと感じることもあるかもしれませんが、実はそんな変わらぬ毎日こそが幸せなのです。当たり前にあるものや場所、人間関係など、いつもの生活をふりかえって、自分にとって大切なものを確認しておきましょう。もっとこうすればよかったという後悔が残らないように。

挿絵

燃えさかる家から荷物を持って逃げだす男。

挿絵のモチーフ

火事の家。荷物を担いだ横縞柄の着物の男。丸紋ののれん。

くずし字のポイント

✔「いるかげに」「かぜに」の「（尓《に》）」は「（与《よ》）」に類似。

三三　あるときも

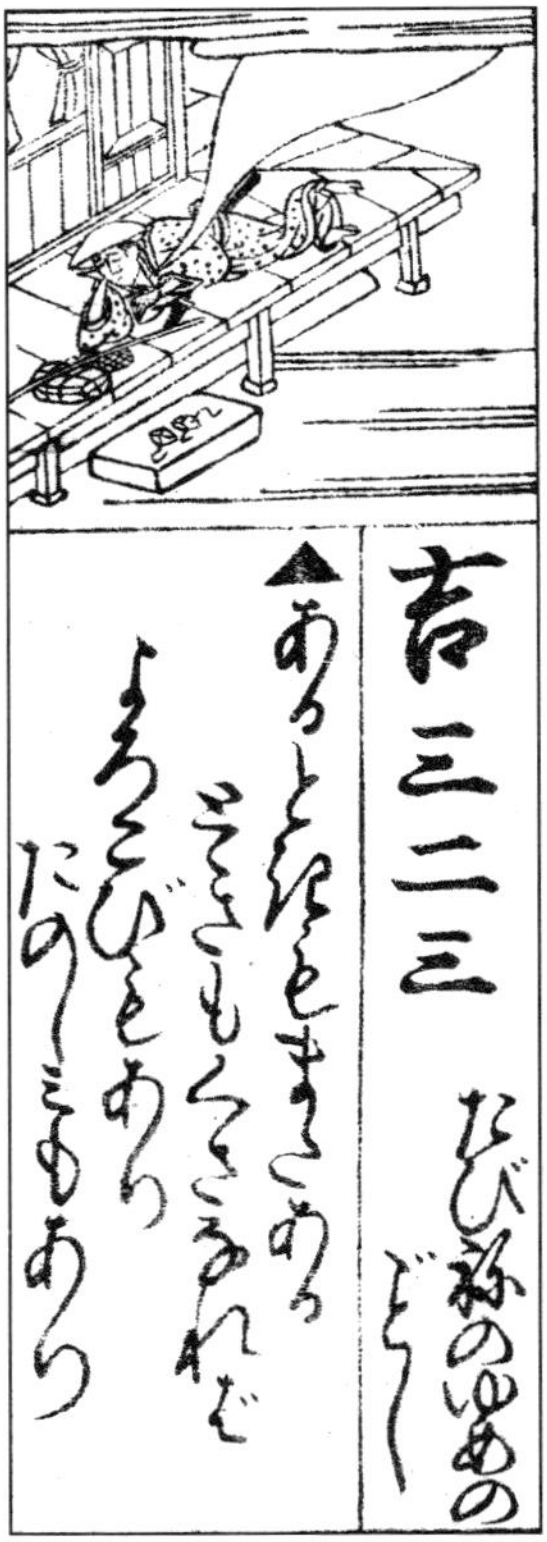

翻刻と字母

吉　三二三　たびねのゆめの《太比祢乃由女乃》　ごとし《己止之》

▲あるときもまたある《安留止起毛末多安留》

ときもくさなれば《止幾毛久左奈礼者》

よろこびもあり《与呂己比毛安利》

たのしみもあり《太乃之三毛安利》

校訂本文

吉　三二三　旅寝の夢のごとし

あるときもまたあるときも草なれば喜びもあり楽しみもあり

現代語訳

吉　三二三　旅で見る夢のようなものだ

いつもいつも旅をしていれば、その時々で喜びもあり楽しみもある。

歌のテーマ　旅。夢想。非日常。

占いメッセージ

旅に出ましょう。すぐに出かけられないときは、自然の豊かなところで気分転換したり、はじめてのことに挑戦したりして、非日常の体験を通して五感や心を刺激するのがおすすめです。感性のアンテナが鋭くなると、新しい発想が思い浮かびます。ただし非日常だけを追い求めてしまうと現実逃避して夢物語を生きることになってしまいやすいので注意してください。日常をていねいに過ごすことで、いつもと違う体験がさらに輝くでしょう。

挿絵　旅人の男が縁側で寝ている。

挿絵のモチーフ

縁側。笠をかぶって寝ている着物姿の男。夢をあらわすふきだし。旅の荷物。踏み石。草履《ぞうり》。窓。

くずし字のポイント

✔「あるとき」の「（起《き》）」と「またあるとき」の「（幾《き》）」、「たのしみ」の「（太《た》）」と「また」の「（多《た》）」は字母が異なる。

三二四　うちたのむ

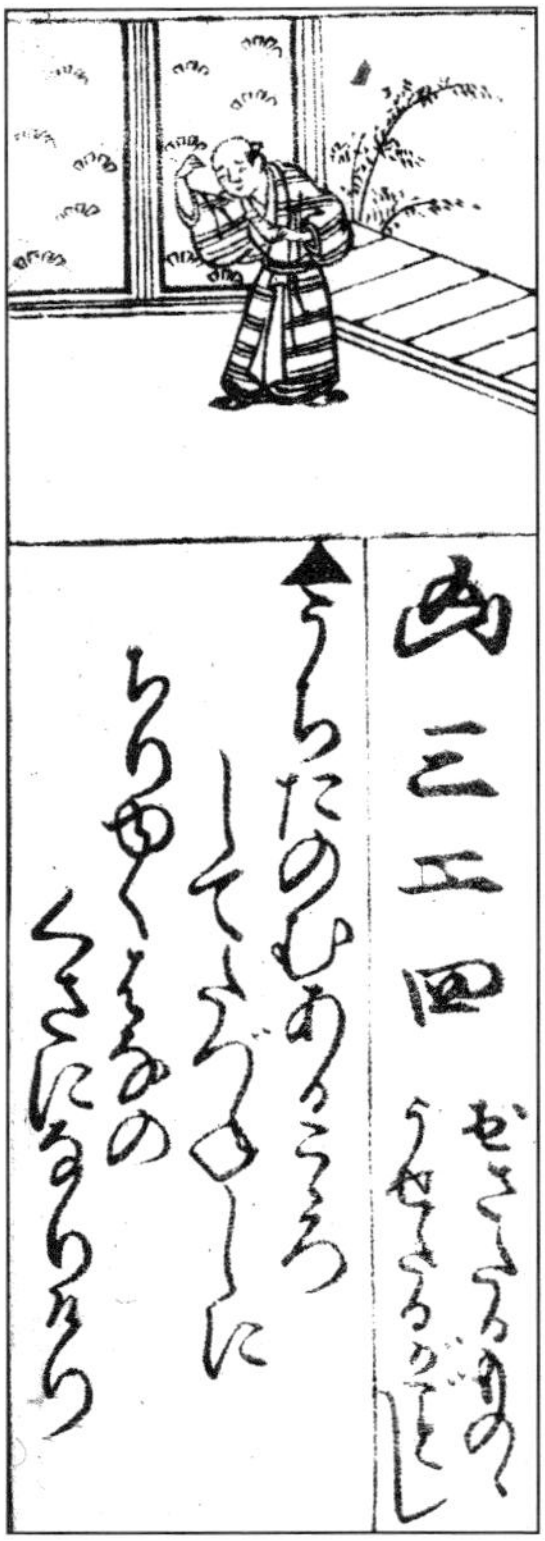

翻刻と字母

凶　三二四

おきたるもの丶《於幾多留毛乃》　うせたるがごとし《宇世多留可己止之》

▲うちたのむあるこゝろ《宇知太乃武安留己呂》

してたづねしに《之天多川年之仁》

ちりゆくはなの《知利由久者奈乃》

くさになりけり《久左仁奈利介利》

校訂本文

凶　三二四　置きたるものの失せたるがごとし

うち頼むある心して訪ねしに散りゆく花の草になりけり

現代語訳

凶　三二四　置いてあった物がなくなったようなものだ
花を期待して訪ねてみたが、花はすでに散り、草だけになっていた。

歌のテーマ

期待はずれ。予想外。

占いメッセージ

なにごとも期待しすぎは禁物。満開の時期だと楽しみにしていた桜が前日の風雨で散ってしまうように、当たり前にあるだろうと思っていたことが、その通りにいかないことが起こりそう。安易な期待は外れることが多いので気をつけて。ものごとに絶対はありません。通常のプランAだけでなく、その通りにいかなかった場合のプランBも考えておくことでリスクを回避できます。期待が叶わなかった場合は、それに執着せず、ほかを検討してみましょう。

挿絵

床を見つめる困り顔の男。

挿絵のモチーフ

横縞柄の着物の男。松文様の襖《ふすま》。縁側。庭の木。

くずし字のポイント

✔「おきたる」「うせたる」「たづねしに」の「（多《た》）」と「うちたのむ」の「た（太《た》）」は字母が異なる。

三三一　うらめしや

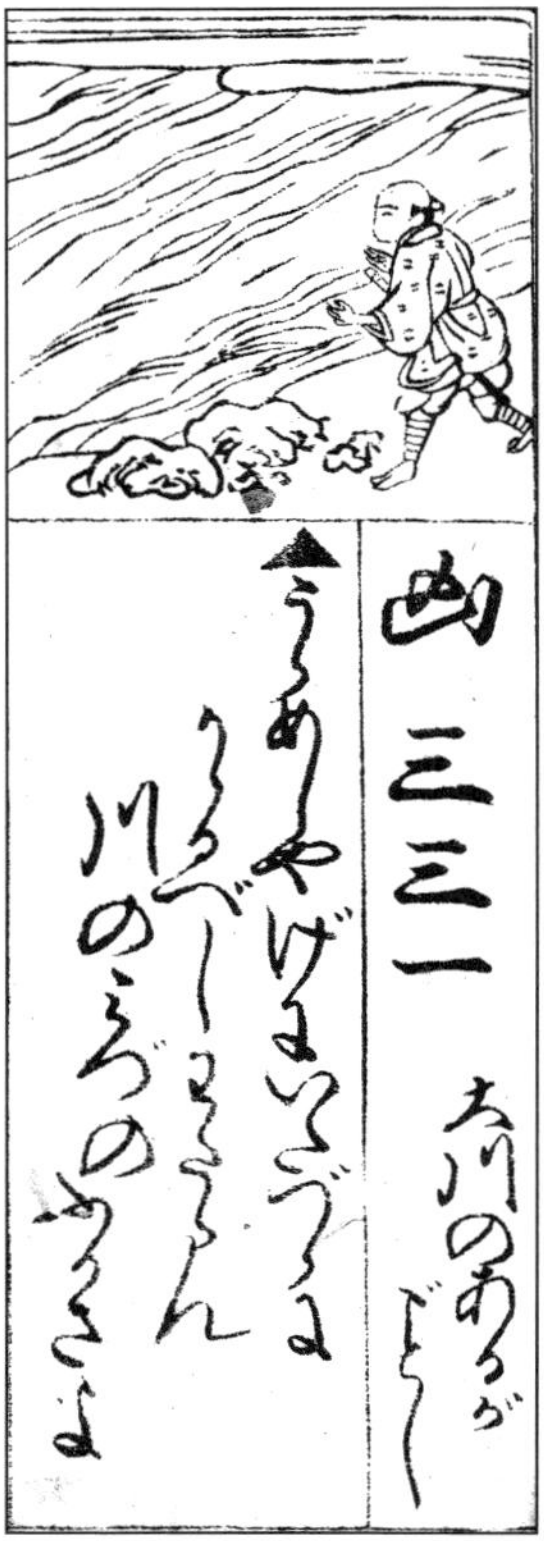

翻刻と字母

凶　三三一　大川の《乃》あ《安》る《留》が《可》　ご《己》と《止》し《之》
▲う《宇》ら《良》め《女》し《之》や《也》げ《計》に《尓》い《以》た《多》づ《川》ら《良》に《尓》
か《可》ゝる《留》べ《部》し《之》わ《王》た《多》ら《良》ん《无》
川の《乃》み《三》づ《川》の《乃》ふ《不》か《可》さ《左》よ《与》

校訂本文

凶　三三一　大川のあるがごとし
恨めしやげにいたづらにかかるべし渡らん川の水の深さよ

現代語訳

凶　三三一　大きな川があるようなものだ

川が深くて渡れず、どうしようもない。ただ恨めしく思うだけだ。

歌のテーマ

障害。急がば回れ。

占いメッセージ

大きな川に遮られて向こう岸に渡れないように、スムーズに先に進めないことがありそう。最短距離で行くのが難しいときは、時間がかかっても確実な方法を選ぶほうがよいでしょう。「急がば回れ」の精神で他に渡れそうな場所がないか探したり、舟のように川を渡る方法がないか考えたりしてみましょう。あるいは、いまは先に進む時期ではないということもあるかもしれません。先に進むための時期や方法をじっくり考える必要がありそうです。

挿絵

大きな川を前に途方に暮れる男。

挿絵のモチーフ

脚絆《きゃはん》をつけた二崩し柄の着物の男。大川。岩。

くずし字のポイント

✔「かゝるべし」の踊り字「ゝ」は見落としやすい。

三三二　身につもる

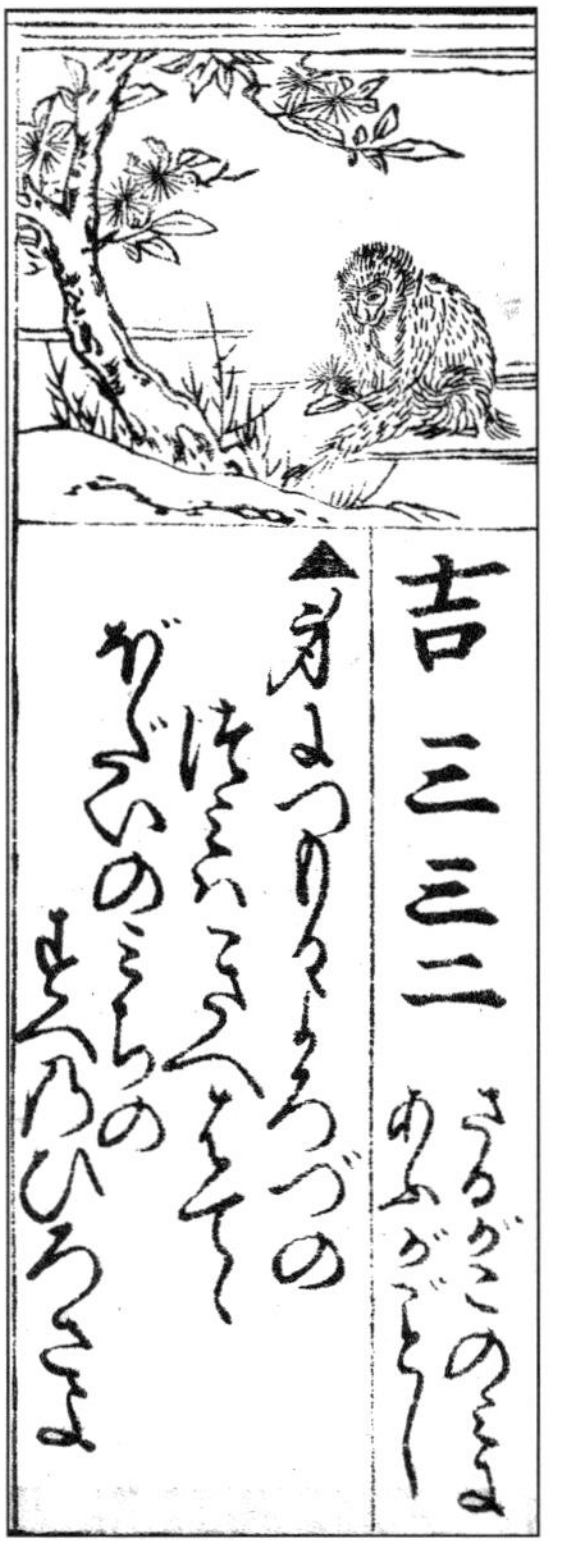

翻刻と字母

吉　三三二　さ《左》る《留》が《可》こ《己》の《乃》み《三》に《尓》　あ《安》ふ《不》が《可》ご《己》と《止》し《之》
▲身に《尓》つ《川》も《毛》る《留》よ《与》ろ《呂》づ《川》の《乃》
つ《徒》み《三》は《八》き《幾》へ《部》は《者》て《天》ゝ
ぼ《本》だ《多》い《以》の《乃》み《三》ち《知》の《乃》
す《春》へ《部》の《乃》ひ《比》ろ《呂》さ《左》よ《与》

校訂本文

吉　三三二　猿が木《こ》の実にあふがごとし
身に積もる万《よろづ》の罪は消え果てて菩提《ぼだい》の道の末の広さよ

参考

＊「菩提」はいっさいの煩悩を離脱した、迷いのない状態。さとり。涅槃《ねはん》。

現代語訳

吉　三三二　猿が木の実を得たようなものだ

今までの罪が消えてなくなり、悟りへ向かう道が末広がりになっている。

歌のテーマ

絶好の機会。贖罪《しょくざい》。発展。

占いメッセージ

この歌を引いたあなたには思いがけない幸運がやってくるでしょう。行きたい方向へ迷わず進んで大丈夫。その道中で「幸福」という名の木の実を手に入れられそうです。しかし、木から落ちてきた栗がトゲに覆われているように、幸福の木の実を我がものにするためには取り除くべき障害があるかもしれません。目の前の幸運に喜んで何も考えずに手にとると、痛い目をみる可能性もあるので注意を怠らないようにしてください。

挿絵

木の下で猿が栗の実を手にしている。

挿絵のモチーフ

栗の木。いが栗《ぐり》。猿。草。

くずし字のポイント

✔「つみは」の「（八《は》）」と「きへはてゝ」の「（者《は》）」、「つもる」「よろづ」の「つ（川《つ》）」と「つみは」の「（徒《つ》）」は字母が異なる。

三三三　たぐひなく

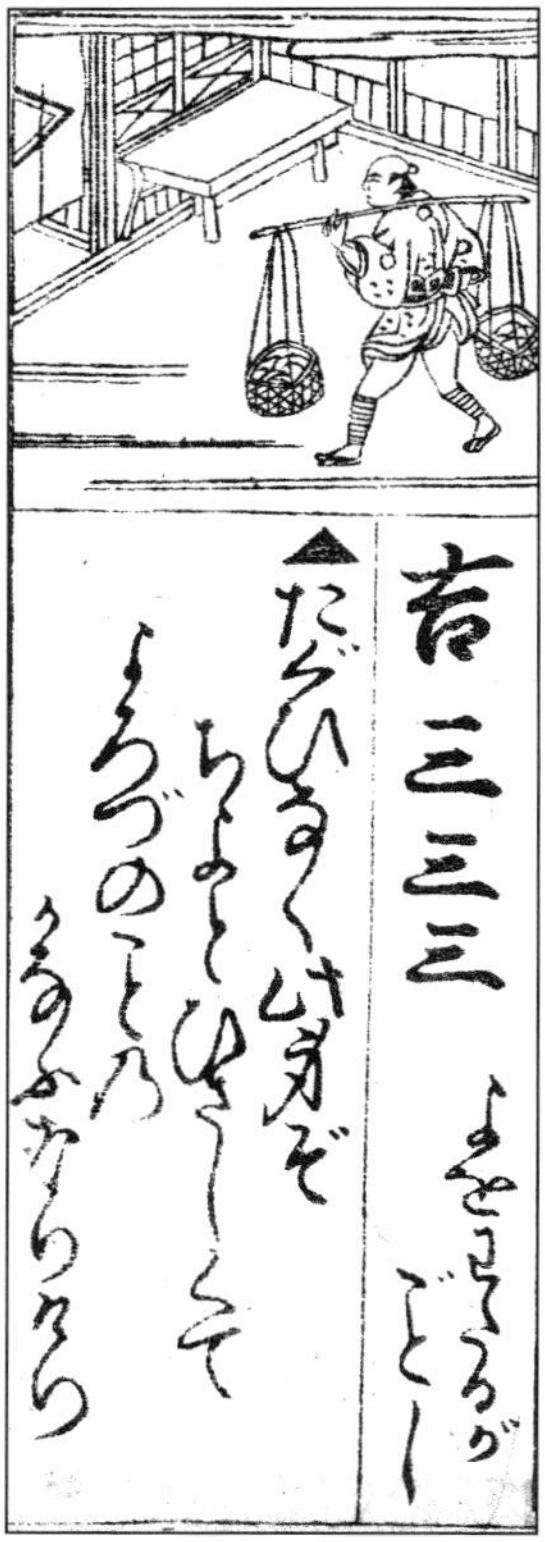

翻刻と字母

吉　三三三　よをわたるが《与遠王多留可》　ごとし《己止之》
▲たぐひなく《太久比奈久》此身ぞ《曽》
ちよとひさしくて《知与止比左之久天》
よろづのことの《与呂川乃己止乃》
かなふなりけり《可奈不奈利介利》

校訂本文

吉　三三三　世を渡るがごとし
類《たぐひ》なくこの身ぞ千代と久しくて万《よろづ》のことの叶ふなりけり

現代語訳

吉　三三三　世渡りをするようだ

この身は比類なくすばらしく、千年と思われるほど長く続いて、すべてのことが叶うのだなあ。

歌のテーマ

順風満帆。世渡り。継続。

占いメッセージ

やりたいことがうまくいくでしょう。この歌は、とても恵まれた状況になり、願いがすべて叶うことを示しています。挿絵に描かれているのは江戸時代の職業「棒手振り」、いわば行商人です。棒を担ぎ、いろいろなものを売り歩いて商売していました。彼らが自分の声と足と才覚で世渡りしたように、あなたも自分の手足を動かして色々なところに出かけ、その場に応じて機転を働かせるとさらに運気がアップするでしょう。

挿絵

行商人が店に入っていこうとしている。

挿絵のモチーフ

商品が積まれた天秤棒に脚絆《きゃはん》姿の行商人。菱紋の白のれんの入り口。縁台。

くずし字のポイント

✔ （此）のくずし字は重要なので覚えましょう。

三三四　山かげに

翻刻と字母

凶　三三四　山の《乃》下に《仁》す《春》む《武》が《可》　ご《己》と《止》し《之》

▲山か《可》げ《計》に《尓》は《者》る《留》こ《己》そ《曽》

あ《安》ら《良》め《女》月に《尓》た《多》ゞ

な《奈》に《仁》と《止》て《天》さ《左》の《乃》み《三》

さ《左》び《比》し《之》か《可》る《留》ら《良》ん《无》

校訂本文

凶　三三四　山の下に住むがごとし

山陰に晴るこそあらめ月にただ何とてさのみ寂しかるらん

現代語訳

凶　三三四　山の下に住むようなものだ

雲が晴れて月が出ているはずなのに、山の陰となる所にいると、どうしてこんなにも寂しいのだろう。

歌のテーマ　孤独。不遇感。視野の狭さ。

占いメッセージ　物事を客観的に見てみましょう。「隣の芝生は青い」ということわざがあるように、近くにあるのに手の届かないものは、よりよく見えるもの。挿絵の男は山の下に住んでいるから月が見えない状況ですが、空にある月は明るく輝いていて、居場所を変えれば見ることができるのです。何かにとらわれて見えなくなっているものがないか考えてみてください。外に出て、いつもと違う角度から眺めてみると、新たな気づきがあるでしょう。

挿絵　家の中で頬杖をついて外を眺める男。

挿絵のモチーフ　藁葺きの家。寝転んで外を眺める縞柄の着物の男。縁側。踏み石。障子。山。木。

くずし字のポイント

✔「さびしかるらん」の「（可留良《かるら》）」は類似の字が続く。

翻刻と字母

凶　三四一　ふ《不》か《可》き《幾》ふ《不》ち《知》に《仁》　い《以》る《留》が《可》ご《己》と《止》し《之》

▲ふ《不》か《可》き《起》よ《与》り《利》ふ《不》か《可》き《幾》

ふ《不》ち《知》に《仁》ぞ《曽》い《以》り《利》に《尓》け《計》る《留》

お《於》も《毛》ひ《比》の《乃》た《多》へ《部》ぬ《奴》

こ《己》の《乃》身な《奈》り《利》け《介》り《利》

校訂本文

凶　三四一　深き淵に入るがごとし

深きより深き淵にぞ入りにける思ひの絶えぬこの身なりけり

現代語訳

凶　三四一　深い淵に入るようなものだ

ずぶずぶと深い水の中に沈んでしまった。心配が絶えないこの身だなあ。

歌のテーマ

苦悩。絶望。考えすぎ。

占いメッセージ

悩みすぎていませんか。挿絵には荒れ狂う波を前に不安な表情を浮かべた男が描かれています。歌では海の深い淵にどんどん沈んでいくように深い悩みにはまっていると詠まれています。悩みの渦に巻き込まれ、抜け出せなくなったときは、できるだけその場から離れることが大切です。今はどうしようもない状況でも、それが永遠に続くわけではありません。時が解決してくれることもあります。悩みの対象からできるだけ距離をとってください。

挿絵

激しく波立つ海を見つめて祈る男。

挿絵のモチーフ

荒れ狂う海。崖の上で祈る着物姿の男。松。

くずし字のポイント

✔「ふかきより」の「（起《き》）」と「ふかきふち」の「（幾《き》）」は字母が異なる。

三四二　いまよりは

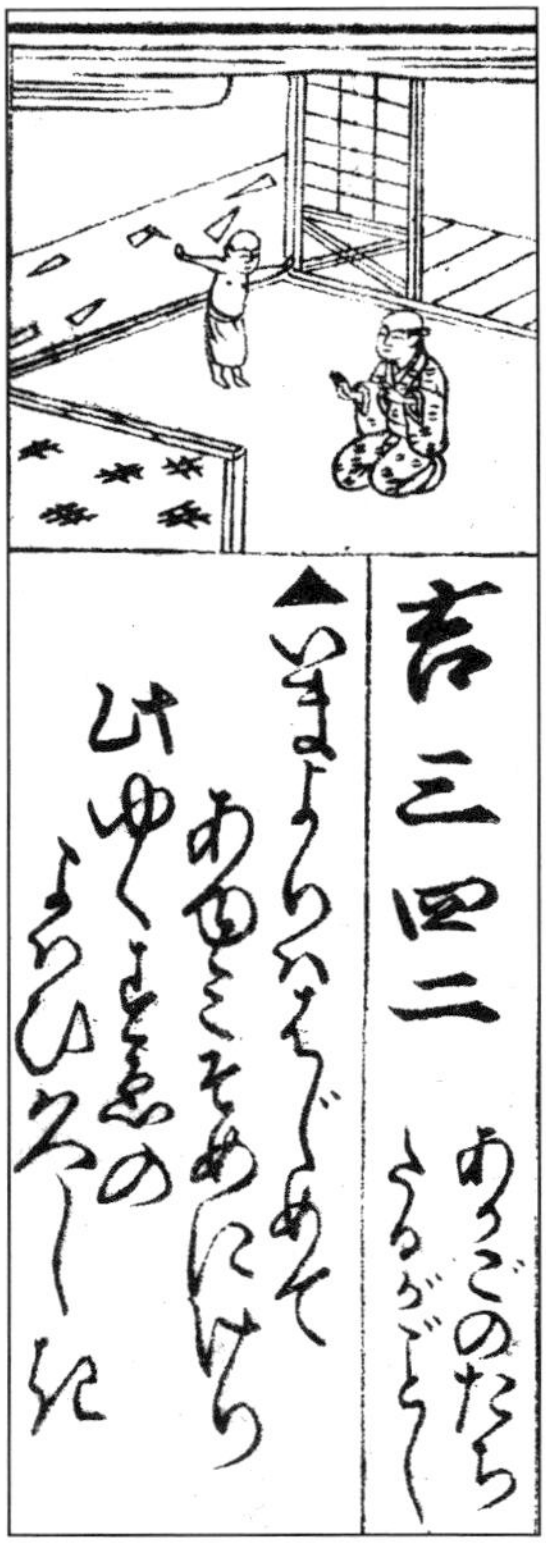

翻刻と字母

吉　三四二　あ《安》か《可》ご《己》の《乃》た《太》ち《知》　た《多》る《留》が《可》ご《己》と《止》し《之》

▲い《以》ま《末》よ《与》り《利》は《八》は《者》じ《之》め《女》て《天》

あ《安》ゆ《由》み《三》そ《曽》め《女》に《仁》け《計》り《利》

此ゆ《由》く《久》す《春》ゑ《恵》の《乃》

よ《与》は《八》ひ《比》久し《之》き《起》

校訂本文

吉　三四二　赤子の立ちたるがごとし

今よりは初めて歩みそめにけりこのゆく末の齢《よはひ》久しき

現代語訳

吉　三四二　赤ん坊が立ったようなものだ

今このときから歩きはじめたのだなあ。これからの人生は長いだろう。

歌のテーマ

第一歩。成長。永遠。

占いメッセージ

新しいことをスタートするのに最適のタイミングです。どんどん挑戦すると吉。挿絵には幼い子どもがはじめて立つ姿とそれを喜ぶ親が描かれています。この子どもの人生ははじまったばかりで、その人生はとても長いということを歌は示しているのです。はじめてのときに不安はつきものですが、一歩踏み出せるかどうかでこの先のチャンスが変わってきます。目標に向かって思いきって歩き出しましょう。

挿絵

赤ん坊が立ち上がり、それを喜ぶ親。

挿絵のモチーフ

前掛け姿で立つ幼子。二崩し柄の着物の親。井桁《いげた》柄の屏風。障子。縁側。

くずし字のポイント

✔「いまよりは」の「(八《は》)」と「はじめて」の「(者《は》)」は字母が異なる。

✔(此)のくずし字は重要なので覚えましょう。

三四三　あしてをは

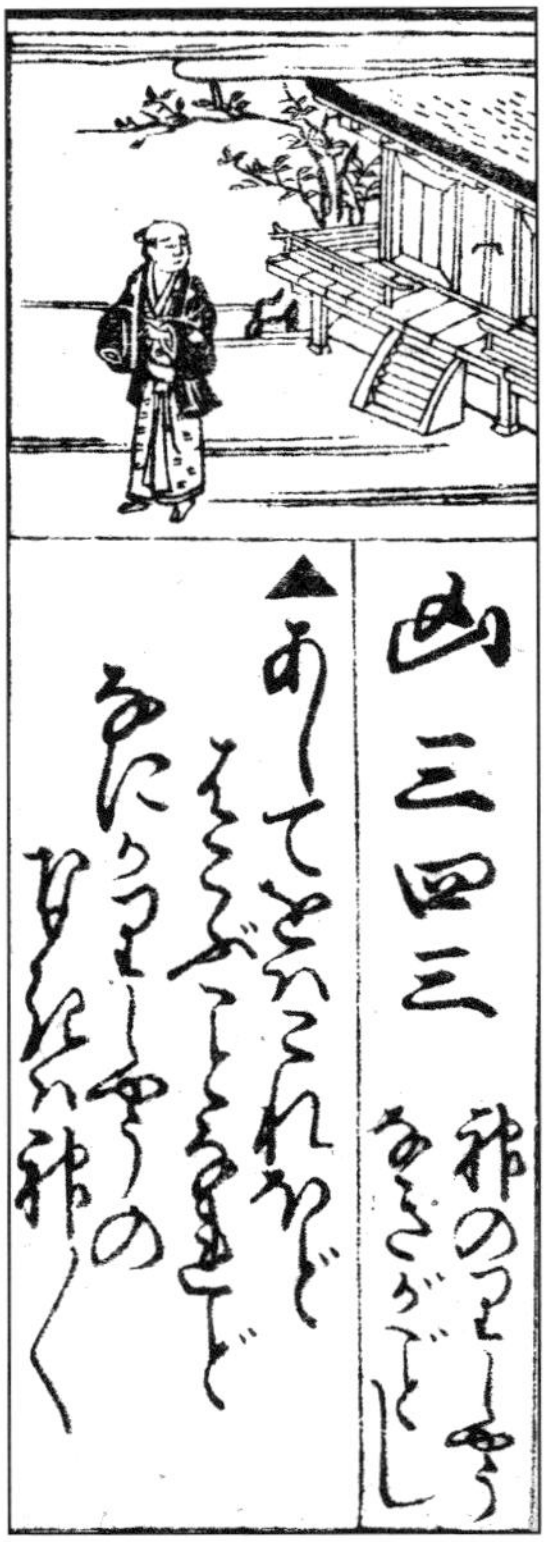

翻刻と字母

凶　三四三　神の《乃》り《里》し《之》や《也》う《宇》　な《奈》き《幾》が《可》ご《己》と《止》し《之》

▲あ《安》し《之》て《天》を《遠》は《八》こ《己》れ《礼》ほ《本》ど《止》
は《者》こ《己》ぶ《不》こ《己》と《止》な《奈》れ《連》ど《止》
な《奈》に《仁》か《可》り《里》し《之》や《也》う《宇》の《乃》
な《奈》き《起》は《八》神く

校訂本文

凶　三四三　神の利生《りしやう》なきがごとし
足手をばこれほど運ぶことなれど何か利生のなきは神々

現代語訳

凶　三四三　神のご利益がないようなものだ

これほど手足を運んでも、神々のご利益がないのはなぜだろう。

歌のテーマ

責任転嫁。損得勘定。リターン。

占いメッセージ

思い通りにならないこともあります。物事がうまくいかないとき、他の人のせいにしていませんか。どんなに身なりを整えても、人望がなければ人は寄ってこないもの。ものごとの表面だけにとらわれず、内面の魅力を磨くことが求められています。大切なのはあなた自身が考えて行動すること。叶えたいことがあるのなら、まずは損得抜きで続けましょう。挿絵の男が、祈ってもご利益がない神社に背を向けているように、自分に利益がないという理由で大切なものから離れないようにしてください。

挿絵

男が神社に背を向けている。

挿絵のモチーフ

神社の社殿。黒紋付の羽織姿の男。木。

くずし字のポイント

✔「なれど」の「(連《れ》)」は「(幾《き》)」に類似。

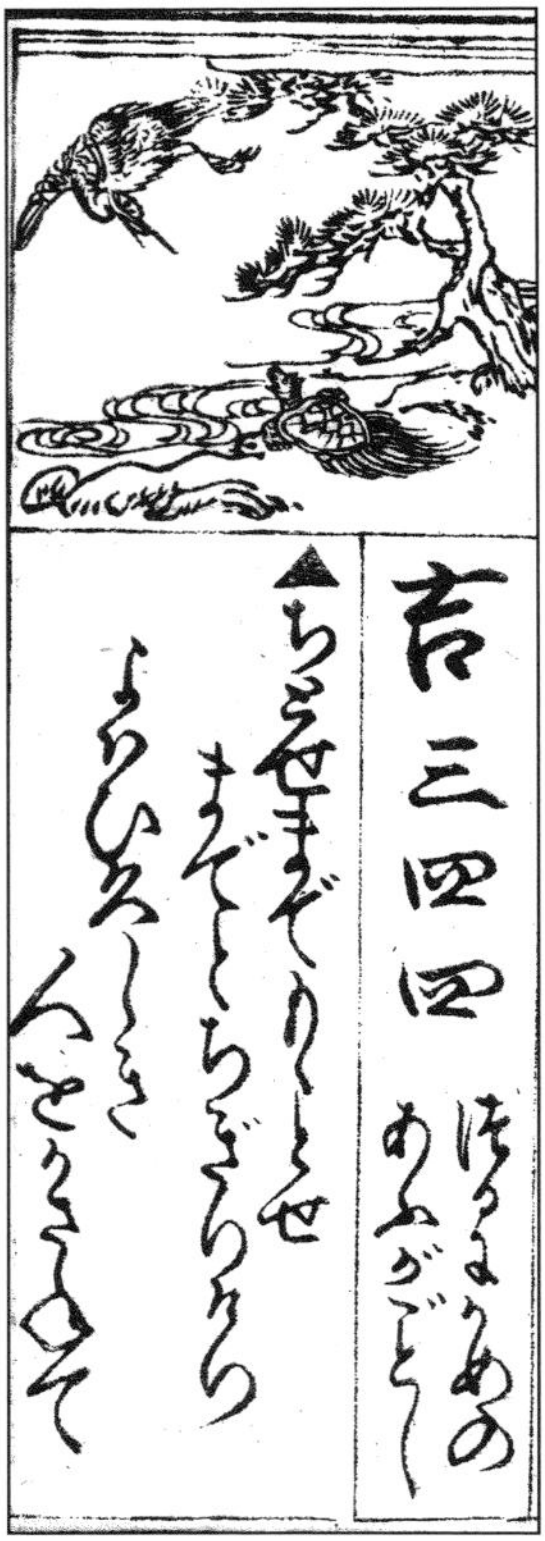

翻刻と字母

吉　三四四　つるにかめの《徒留尓可女乃》　あふがごとし《安不可己止之》
▲ちとせまでも〻とせ《知止世末天毛止世》
までとちぎりけり《末天止知幾利介利》
よはひ久しき《与八比之幾》
人をかさねて《遠可左年天》

校訂本文

吉　三四四　鶴に亀の逢ふがごとし
千歳《ちとせ》まで百歳《ももとせ》までと契りけり齢《よはひ》久しき人を重ねて

参考

＊「松」「鶴」「亀」はいずれも長寿や永遠の命、めでたさの象徴。

現代語訳

吉　三四四　鶴に亀が逢うようなものだ

長寿の人同士で千年まで百年までと約束したのだなあ。

歌のテーマ

出会い。長い時間。めでたさ。

占いメッセージ

またとない出会いがありそう。すばらしいことが重なり合い、高みを目指すことができる時期です。自分にない強みを持つ仲間と出会えれば、それぞれの長所を生かして互いを高め合い、さらなる成長が見込めるでしょう。ただし、よい出会いがあったとしても、人の言いなりになっているだけでは自分を見失って遠回りすることになりかねません。焦らず、先を見すえて動くことで、あなたの可能性がもっと引き出されるでしょう。

挿絵

鶴と亀が松の生えた水辺で向き合っている。

挿絵のモチーフ

鶴。亀。松。水流。

くずし字のポイント

✔「つるに」の「（尓《に》）」は「（与《よ》）」に類似。

✔「かさねて」の「（年《ね》）」は字母から推測しにくい。

四一一　ながめんと

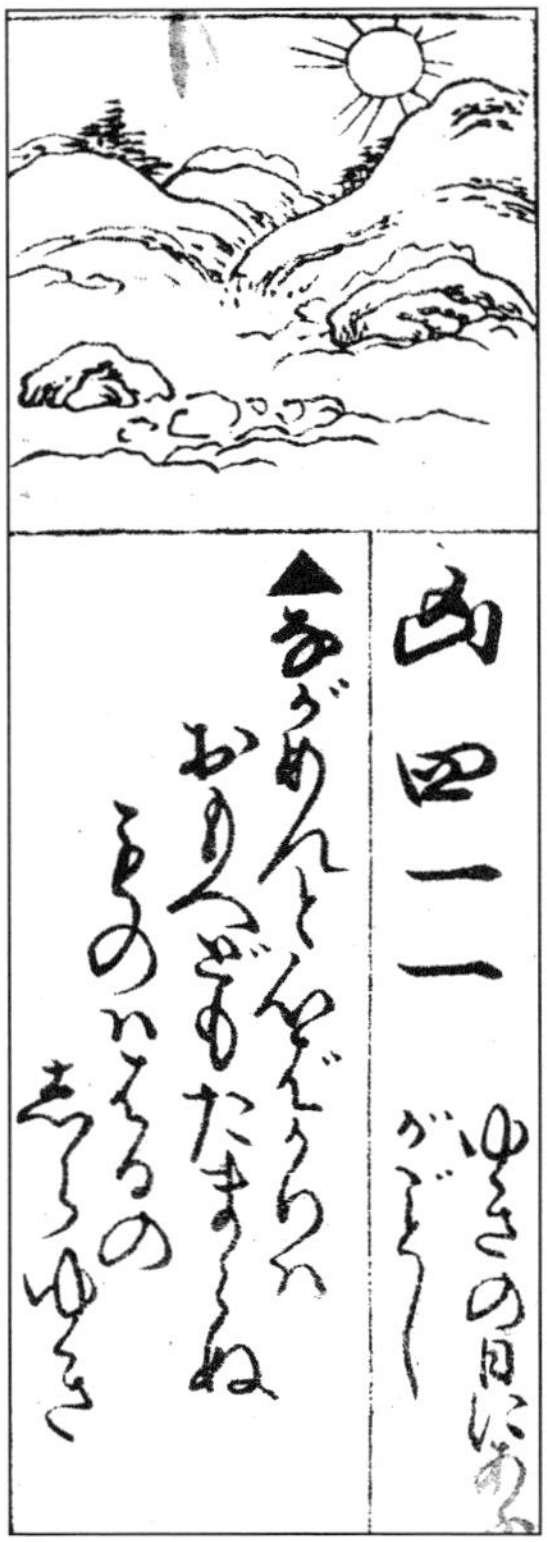

翻刻と字母

凶　四一一　ゆ《由》き《幾》の《乃》日に《仁》あ《安》ふ《不》　が《可》ご《己》と《止》し《之》

▲な《奈》が《可》め《女》ん《无》と《止》心ば《者》か《可》り《利》は《八》
お《於》も《毛》へ《部》ど《止》も《毛》た《太》ま《末》ら《良》ぬ《奴》
も《毛》の《乃》は《八》は《者》る《留》の《乃》
し《志》ら《良》ゆ《由》き《幾》

校訂本文

凶　四一一　雪の日にあふがごとし

眺めんと心ばかりは思へどもたまらぬものは春の白雪

現代語訳

凶　四一一　雪が日光に当たるようなものだ

眺めようと心の中だけで思っても、実際には積もらないのが春の白雪なのだ。

歌のテーマ

理想と現実。変化。はかなさ。

占いメッセージ

タイミングが重要なとき。春の雪が積もることなく溶けてしまうように、なにごとも時期や条件が悪いと本来のよさが発揮できないものです。思い通りに行かないことがあったら、今がその時期なのかどうか、初心に戻って検討してみましょう。ただ考えるだけでなく、できるだけ行動を起こすことも運気アップの近道です。冬の粉雪が少しずつ降り積もるように、小さな行動を積み重ねていくことで大きな目標に近づけるでしょう。

挿絵

太陽が岩山に降った雪を照らしている。

挿絵のモチーフ

太陽。山。岩。雪。針葉樹のような木。

くずし字のポイント

- ✔（心）のくずし字は重要なので覚えましょう。
- ✔「心ばかりは」の「（八《は》）」と「はるの」の「（者《は》）」は字母が異なる。

四二　たのしみも

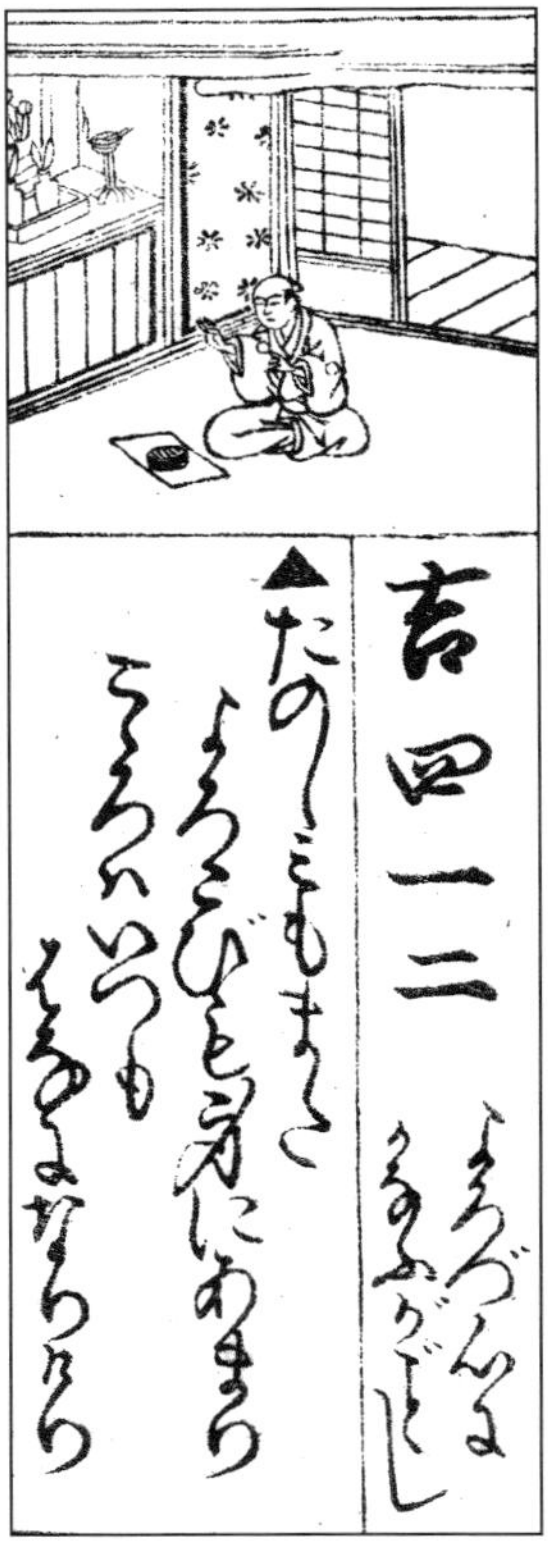

翻刻と字母

吉　四一二　よ《与》ろ《呂》づ《川》心に《尓》　か《可》な《奈》ふ《不》が《可》ご《己》と《止》し《之》

▲た《太》の《乃》し《之》み《三》も《毛》ま《末》た《多》

よ《与》ろ《呂》こ《己》び《比》も《毛》身に《仁》あ《安》ま《末》り《利》

こ《己》ゝろ《呂》は《八》い《以》つ《川》も《毛》

は《者》な《奈》に《尓》な《奈》り《利》け《介》り《利》

校訂本文

吉　四一二　よろづ心に叶ふがごとし

楽しみもまた喜びも身にあまり心はいつも花になりけり

現代語訳

吉　四一二　すべてのことが思い通りになるようなものだ

楽しみも喜びも身に余るほどで、心はいつも花のように華やかだなあ。

歌のテーマ

楽しみ。喜び。所願成就。

占いメッセージ

何をやってもうまくいきそう。これを機に、新しく挑戦してみたいことなど、ふだん取り組まないことに力を入れるとよいでしょう。不安や心配を抱えているのなら、歌の「心はいつも花」を意識して、花がぱっと咲いたような明るい笑顔を心がけましょう。部屋に花を飾ってみたり、花柄のものを身につけたりするのも吉。心を晴れやかにすると状況が改善していきます。挿絵に神棚が描かれていることから、祈りや感謝も開運のポイントです。

挿絵

男が黒い箱を見て喜んでいる。

挿絵のモチーフ

着物姿の男。敷物の上に黒い箱。神棚に掛け軸・榊立《さかきた》て・灯明。桜柄の襖《ふすま》。障子。縁側。

くずし字のポイント

✔「たのしみ」の「た（太《た》）」と「また」の「た（多《た》）」、「身に」の「に（仁《に》）」と「心に」「はなに」の「に（尓《に》）」は字母が異なる。

✔心（心）のくずし字は重要なので覚えましょう。

四一三　たぐひなき

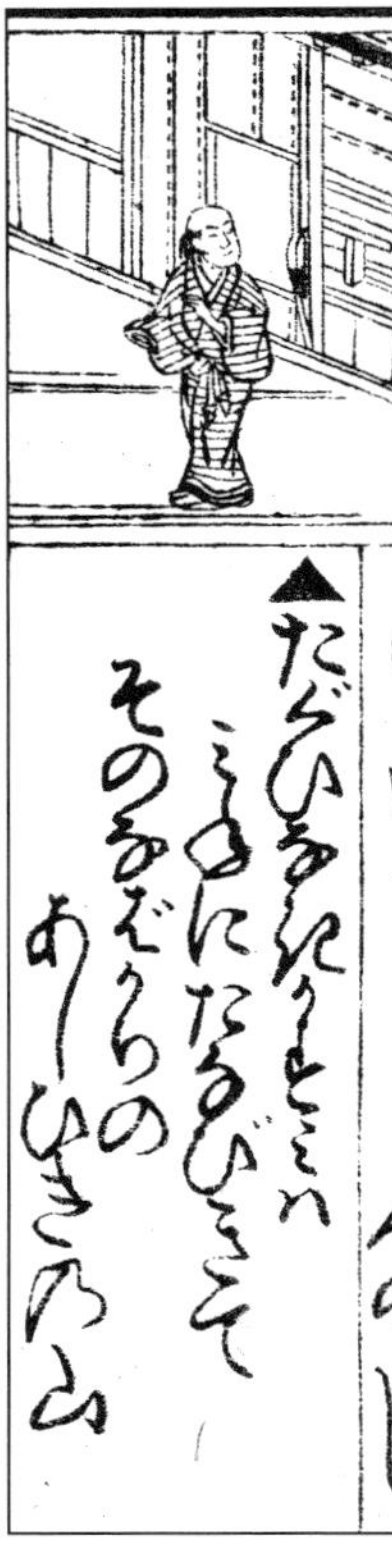

翻刻と字母

凶　四一三　よになき《与仁奈幾》　人のごとし《乃己止之》

▲たぐひなきかすみは《太久比奈起可春三八》

みねにたなびきて《三年仁太奈比幾天》

そのなばかりの《曽乃奈者可利乃》

あしひきの《安之比幾乃》山

校訂本文

凶　四一三　よになき人のごとし

類《たぐひ》なき霞は峰にたなびきてその名ばかりの足引《あしひき》の山

現代語訳

凶　四一三　存在感のない人のようなものだ

すばらしい霞が山の峰にたなびいて、足を引きつつ登るという「足引の山」というのはその名ばかりだ。

歌のテーマ　期待。評価。実力。存在感。

占いメッセージ　人からの評価が気になりやすいとき。過大評価されて期待に応えるのが負担になったり、過小評価されて自分の努力を認めてもらえなかったりするのはつらいものです。そんな日々に疲れ、現実から目を背けて逃避したりしていませんか。もしかすると、今考えている目標が山の峰のように高くて現実的でないのかもしれません。自分の状況を客観的に見直してみましょう。言行一致は信頼関係の基本。日頃の言動が矛盾していないかに気を配って。

挿絵　男が建物の外でそっぽを向いている。

挿絵のモチーフ　横縞柄の着物の男。入り口を閉ざした建物。

くずし字のポイント

✔「かすみ」の「(可《か》春《す》三《み》)」は「(春《す》)」の切れ目に注意。

四一四　ありながら

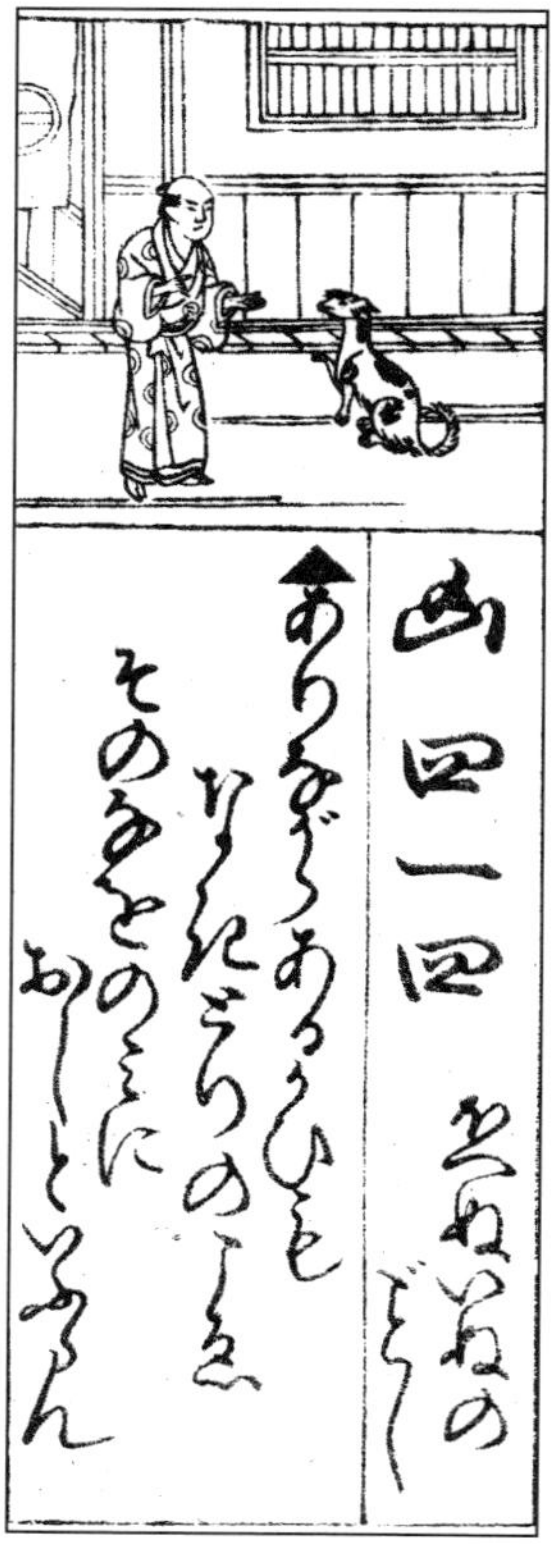

翻刻と字母

凶　四一四　ほ《本》へ《部》ぬ《奴》い《以》ぬ《奴》の《乃》　ご《己》と《止》し《之》

▲あ《安》り《利》な《奈》が《可》ら《良》あ《安》る《留》か《可》ひ《比》も《毛》

な《奈》き《起》と《止》り《利》の《乃》こ《己》ゑ《恵》

そ《曽》の《乃》な《奈》を《遠》の《乃》み《三》に《仁》

お《於》し《之》と《止》い《以》ふ《不》ら《良》ん《无》

校訂本文

凶　四一四　吠えぬ犬のごとし

ありながらある甲斐もなき鳥の声その名をのみに鴛《おし》といふらん

参考

* 「吠えない犬」は役に立たないものの比喩。番犬としての犬は吠えることで役に立った。
* 和歌の「おし」は、カモ科の鳥「鴛」と、ことばを発することができない人を意味する「唖」の掛詞。実際の鴛はクイッというかん高い声を出すが、この歌では鳴き声のない鳥と考えられている。

現代語訳

凶　四一四　吠えない犬のようなものだ

この世に存在していても、なんの甲斐もない鳥の声だ。その名前を鴛《おし》というが、「唖《おし》」のように声を出せないのではないか。

歌のテーマ

言語化。伝達。存在感。役割。

占いメッセージ

言えなくて我慢していることはありませんか。心の内に溜めた不満はストレスの原因になりますし、何か問題があるときはそれを伝えなければ解決につながりません。いまは思いきって声に出してみることが大切です。人に話しにくければ、悩んでいることを書き出したり、ペットやぬいぐるみに話してみたりするのもおすすめです。言語化することで現状を客観的に見られるようになり、状況が好転するでしょう。

挿絵

男とぶち模様の犬が向き合っている。

挿絵のモチーフ

蛇の目文様の着物の男。ぶち模様の犬。丸に一文字紋ののれん。格子窓。

くずし字のポイント

✔「ほへぬいぬ」の「(本《ほ》)」は漢字の「不」に類似。

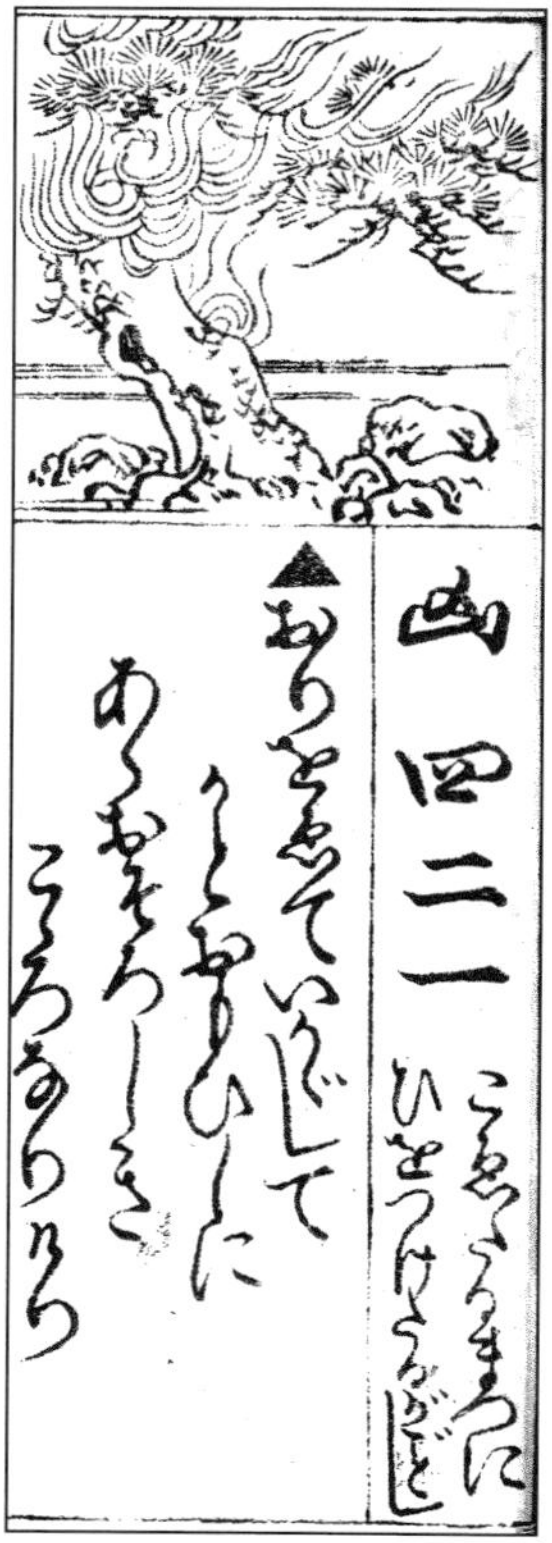

翻刻と字母

凶　四二一　こゑたるまつに《己恵多留末川仁》　ひをつけたるがごとし《比遠川計多留可己止之》

▲おりをゑていかゞして《於利遠恵天以可之天》

かとおもひしに《可止於毛比之仁》

あゝおそろしき《安於曽呂之幾》

こゝろなりけり《己呂奈利介利》

校訂本文

凶　四二一　肥えたる松に火をつけたるがごとし

折を得ていかがしてかと思ひしにああ恐ろしき心なりけり

現代語訳

凶　四二一　大きく育った松に火を点けるようなものだ

機会をとらえてどうしてやろうかと思っていたが、それはなんとも恐ろしい心であったなあ。

歌のテーマ

衝動。決断。待つ。

占いメッセージ

決断はよく考えてから。まだそのときではないようです。松脂《まつやに》をたっぷりふくんだ木は、わずかな火を点《つ》けただけで大きく燃え上がります。一時的な衝動に突き動かされて判断を誤ると大きな災難が降りかかる可能性もありますから、十分に注意してください。「松」は「待つ」との掛詞としてもちいられます。松の絵が示すのは、今は「待つ」ときだということです。立ち止まって考えることで心境や状況が変わることも多いもの。くれぐれも焦らずに。

挿絵

松の大木が燃え上がっている。

挿絵のモチーフ

燃えさかる松。炎。煙。岩。

くずし字のポイント

✔「つけたるが」の「（多《た》留《る》可《が》）」は文字の切れ目に注意。

四二二 わすられば

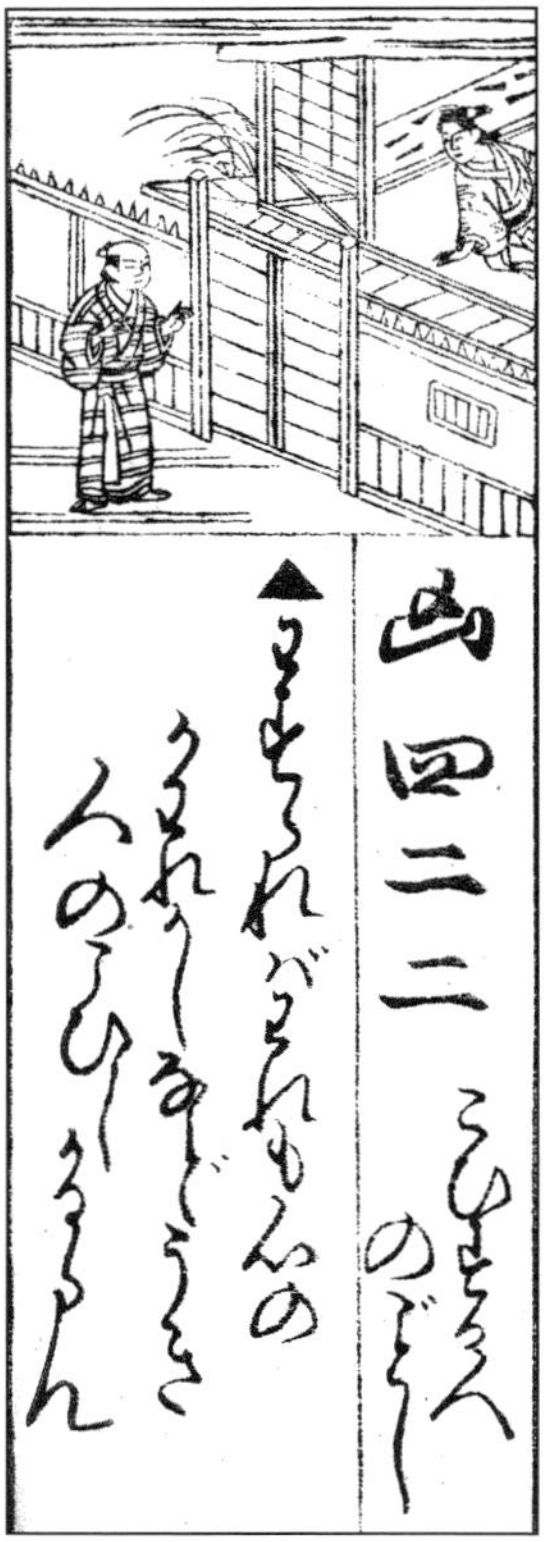

翻刻と字母

凶　四二二　こ《己》ひ《比》す《春》る《留》人　の《乃》ご《己》と《止》し《之》

▲わ《王》す《春》ら《良》れ《礼》ば《八》わ《王》れ《礼》も《毛》心の《乃》

か《可》わ《王》れ《礼》か《可》し《之》な《奈》ど《止》う《宇》き《幾》

人の《乃》こ《己》ひ《比》し《之》か《可》る《留》ら《良》ん《无》

校訂本文

凶　四二二　恋する人のごとし

忘られば我も心の変はれかしなど憂き人の恋しかるらん

現代語訳

凶　四二二　恋する人のようなものだ
忘れられるなら私も心変わりしたいよ。どうして自分につれない人が恋しいのだろう。

歌のテーマ

執着。心の切り替え。視野の拡大。

占いメッセージ

気持ちのスイッチを入れ替える時期。思い通りにならず、つらい気持ちになりがちです。欲しいと思えば思うほど、かえって手に入りにくくなることも。そんなときは、いったんリセットして一から見直してみましょう。これでなければと思い込んでいたものより自分にふさわしいものが見つかるかもしれません。どうしてもあきらめられないときはアプローチを変えて。恋しいものにたどりつく入り口は一つではありません。別の方法を探してみましょう。

挿絵

男女が門戸を隔てて向き合っている。

挿絵のモチーフ

横縞柄の着物の男。閉ざされた門戸。草。障子。流水文様の着物の女。

くずし字のポイント

✔「わすられば」の「（王《わ》春《す》良《ら》）」は文字の切れ目に注意。
✔（心）のくずし字は重要なので覚えましょう。

四二三　とき久し

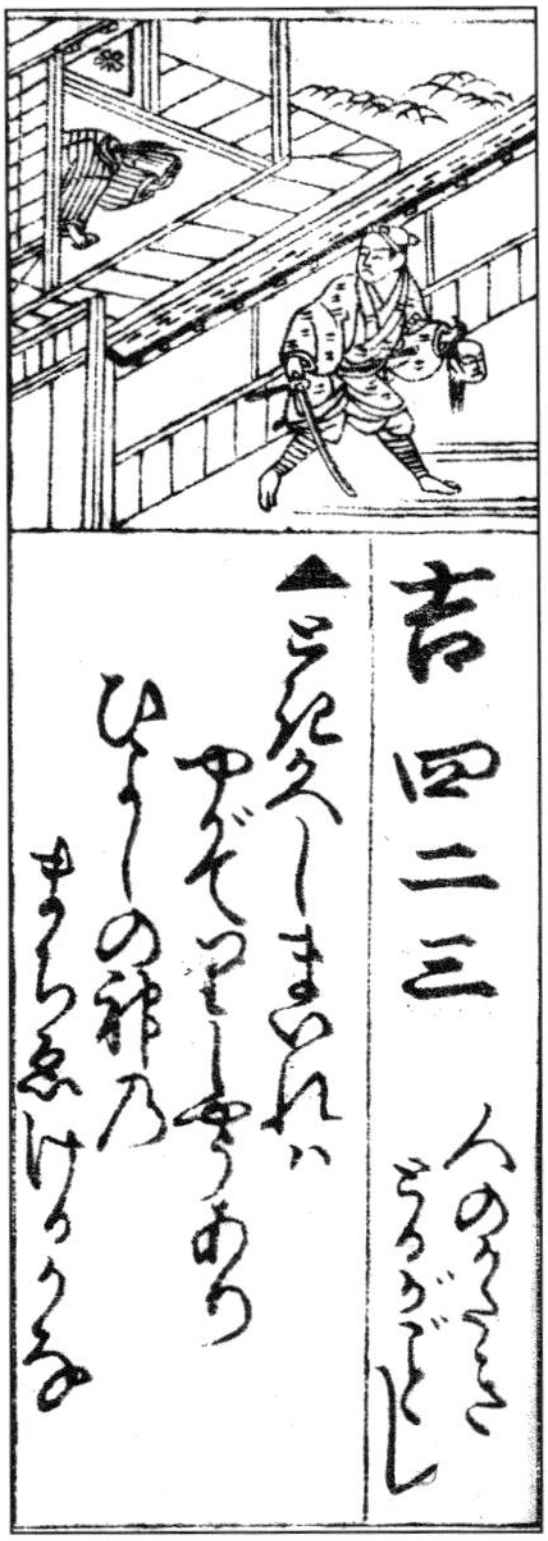

翻刻と字母

吉　四二三　人の《乃》か《可》た《多》き《幾》　と《止》る《留》が《可》ご《己》と《止》し《之》
▲と《止》き《起》久し《之》ま《末》い《以》れ《礼》は《八》
や《也》が《可》て《天》り《里》し《之》や《也》う《宇》あ《安》り《利》
ひ《比》よ《与》し《之》の《乃》神の《乃》
ま《末》ち《知》ゑ《恵》け《計》る《留》か《可》な《奈》

校訂本文

吉　四二三　人の仇《かたき》取るがごとし
時久し参ればやがて利生《りしやう》あり日吉の神の待ち得けるかな

参考

＊「日吉の神」は日吉大社（滋賀県大津市）の祭神。比叡山延暦寺の鎮守神であり、天台宗の護法神でもある。

現代語訳

吉　四二三　人の仇を取るようなものだ

参拝を長く続ければ、やがてご利益がある。日吉の神が待っていてくださったのだなあ。

歌のテーマ

時機。継続。実行。返報。

占いメッセージ

いずれ道は開かれます。タイミングを見計らって。地道な努力をしているのに、そのがんばりが誰にも気づかれず、こんなことをしても意味がないのではと感じることがあるかもしれません。しかし、今あなたが行っていることは無駄ではありません。努力は続けてこそ成果が出るのです。粘り強く取り組んで準備することで、目標達成への出口が見えてくるでしょう。小さくても目標を立て、それに向かって計画を立てることが開運のポイントです。

挿絵

仇討ちを終えて敵の首を手にして去る男。

挿絵のモチーフ

仇の首と刀を持った、二崩し柄の着物で脚絆《きゃはん》をつけた男。首を斬られた横縞柄の着物の男。屋敷の塀。屋敷の門塀。桜柄の襖《ふすま》。草。障子。縁側。

くずし字のポイント

✔「まちゐけるかな」の「（留《る》）」は「（可《か》）」に類似。

四二四　おもしろや

半吉　四二四　二みちかくる　人のごとし
▲おもしろやわがこゝろ
こそいかならん
花と月とを
見るぞうれしき

翻刻と字母

半吉　四二四　二みちかくる《三知可久留》　人のごとし《乃己止之》

▲おもしろやわがこゝろ《於毛之呂也王可己呂》

こそいかならん《己曽以可奈良无》

花と《止》月とを《止遠》

見るぞうれしき《留曽宇礼之幾》

校訂本文

半吉　四二四　二道《ふたみち》かくる人のごとし

おもしろや我が心こそいかならん花と月とを見るぞうれしき

現代語訳

半吉　四二四　二股をかける人のようだ

興味深いなあ、自分の心はどうなっているのだろう。花と月とを同時に見るのがうれしい。

歌のテーマ

好奇心。興味。自己理解。

占いメッセージ

いろんなものに目移りしてしまって、一つのことに集中できない時期。どうしてこんなに気が多いのか自分でも不思議に思うかもしれませんが、裏を返せば、多くのものを一度に楽しめる時期でもあります。いろんなものに興味を持つことができる自分を、誇らしく思ってください。それらを一度に比較することで、何にいちばん興味を持っているのか、自分自身を深く知るきっかけにもなります。自分の心がどうなっているのか、心境の変化を探ってきましょう。もちろん、そのすべてを楽しみながら！

挿絵

夜に縁側の障子を開け、花と月を一緒に見ている男。

挿絵のモチーフ

月。花。寝転んで外を眺める二崩し柄の着物の男。縁側。踏み石。障子。

くずし字のポイント

✔「こそいかならん」の「（己《こ》）」は「（宇《う》）」に類似。

四三一　とはばやと

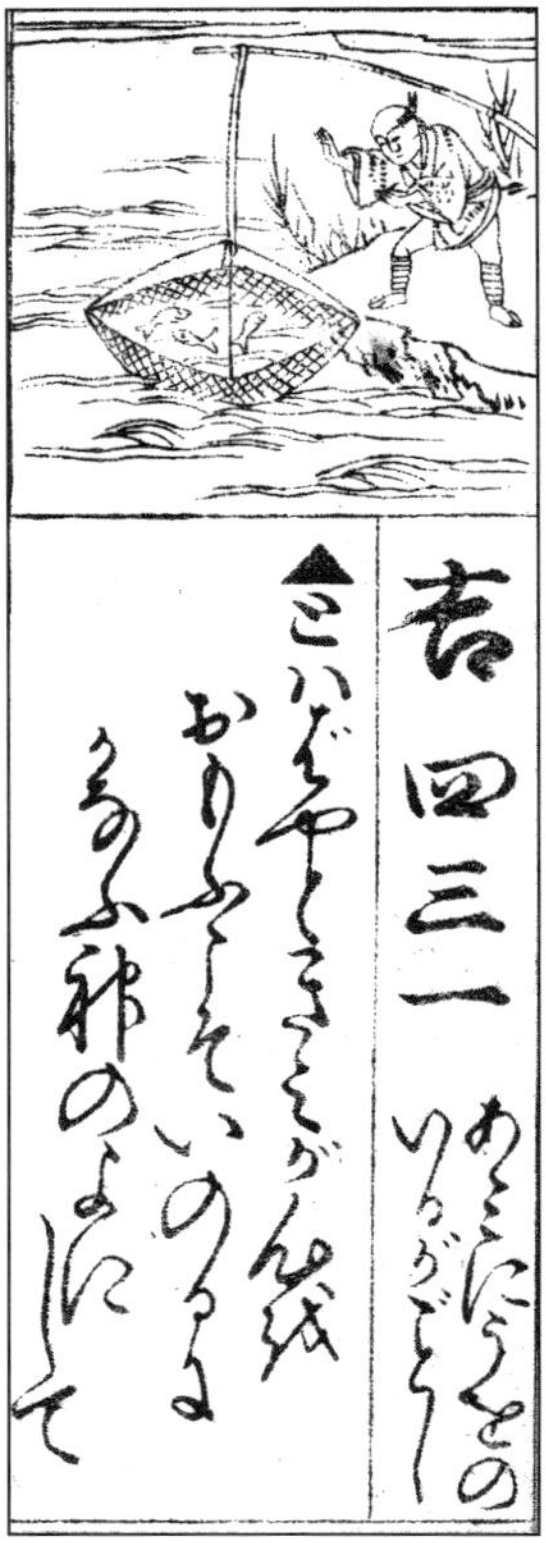

翻刻と字母

吉　四三一　あ《安》み《三》に《仁》う《宇》を《遠》の《乃》　い《以》る《留》が《可》ご《己》と《止》し《之》

▲と《止》は《八》ば《者》や《也》と《止》き《幾》み《三》が《可》心を《越》

お《於》も《毛》ふ《不》こ《己》そ《曽》い《以》の《乃》る《留》に《尓》

か《可》な《奈》ふ《不》神の《乃》よ《与》に《仁》し《之》て《天》

校訂本文

吉　四三一　網に魚の入《い》るがごとし

問はばやと君が心を思ふこそ祈るに叶ふ神の世にして

現代語訳

吉　四三一　網の中に魚が入るようなものだ

君の心を知りたいと思うからこそ祈るのだ。祈って願いが叶う神の世なのだから。

歌のテーマ　祈り。願望成就。タイミング。

占いメッセージ　よいタイミングで願いが叶いそう。願っていることがあるなら積極的に口に出してみましょう。ことばには力が宿ります。外に発信することは願いを叶えるための最初のステップです。歌に「問はばや（尋ねたい）」とあるように、願いを叶えるにはどうしたらよいか、人にアドバイスを求めるのもおすすめです。相談することで突破口が開けるかもしれません。仕掛けておいた網に魚がかかるように、事前に準備するのも忘れずに。

挿絵　水辺で網に魚がかかっているのを見て男が喜んでいる。

挿絵のモチーフ　脚絆《きゃはん》姿の男。網にかかった魚。水辺。草。

くずし字のポイント

✔「きみが心を」の「（心）」は「ん（无《ん》）」に類似。

✔「うを」の「（遠《を》）」と「心を」の「（越《を》）」は字母が異なる。

✔（心）のくずし字は重要なので覚えましょう。

四三二　見ぐるしや

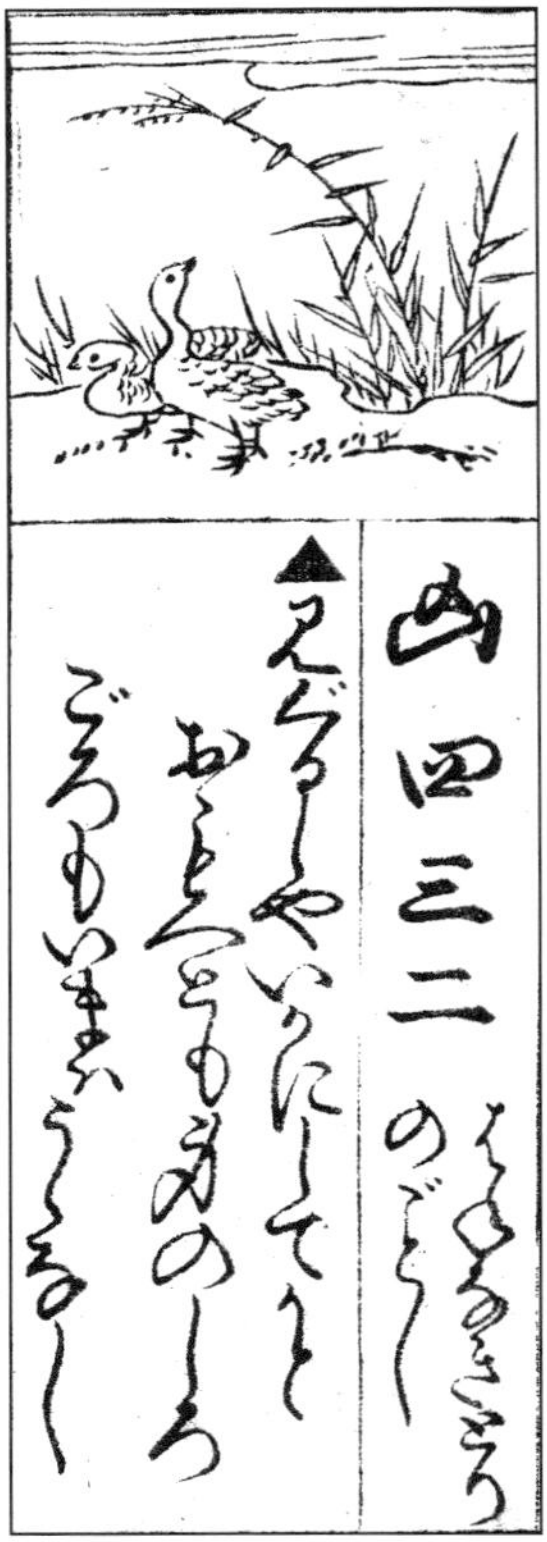

翻刻と字母

凶　四三二　はねなきとり《者年奈幾止利》　のごとし《乃己止之》

▲見ぐるしやいかにしてかと《久留之也以可仁之天可止》

おもへとも《於毛部止毛》身のしろ《乃之呂》

ごろもいまはうらなし《己呂毛以末八宇良奈之》

校訂本文

凶　四三二　羽なき鳥のごとし

見苦しやいかにしてかと思へども蓑代衣《みのしろごろも》　いまは裏なし

現代語訳

凶　四三二　羽のない鳥のようなものだ。

見苦しいなあ。どうしてだろうと思うけれど、雨よけの衣の裏地がなくなってしまった。

歌のテーマ

不足。疲労。欠落。

占いメッセージ

大事なものを忘れていませんか。「蓑代衣」とは蓑代わりの衣で現代のレインコートのようなものです。裏地のない雨具は防水の役に立たないように、いざというときに肝心のものがなくて困ることにならないよう注意してください。備えあれば患いなしです。身の回りのものだけでなく、生活習慣や食事など、鳥にとっての羽のように、生きていくために不可欠なものがおそろかになっていないか、ふりかえってみましょう。

挿絵

翼がなく地面にいる二羽の水鳥。

挿絵のモチーフ

二羽の鳥。葦。

くずし字のポイント

✔「おもへとも」の「も」は同じ字母「毛」だが「」「」でくずし方が異なる。

四三三　かずかずの

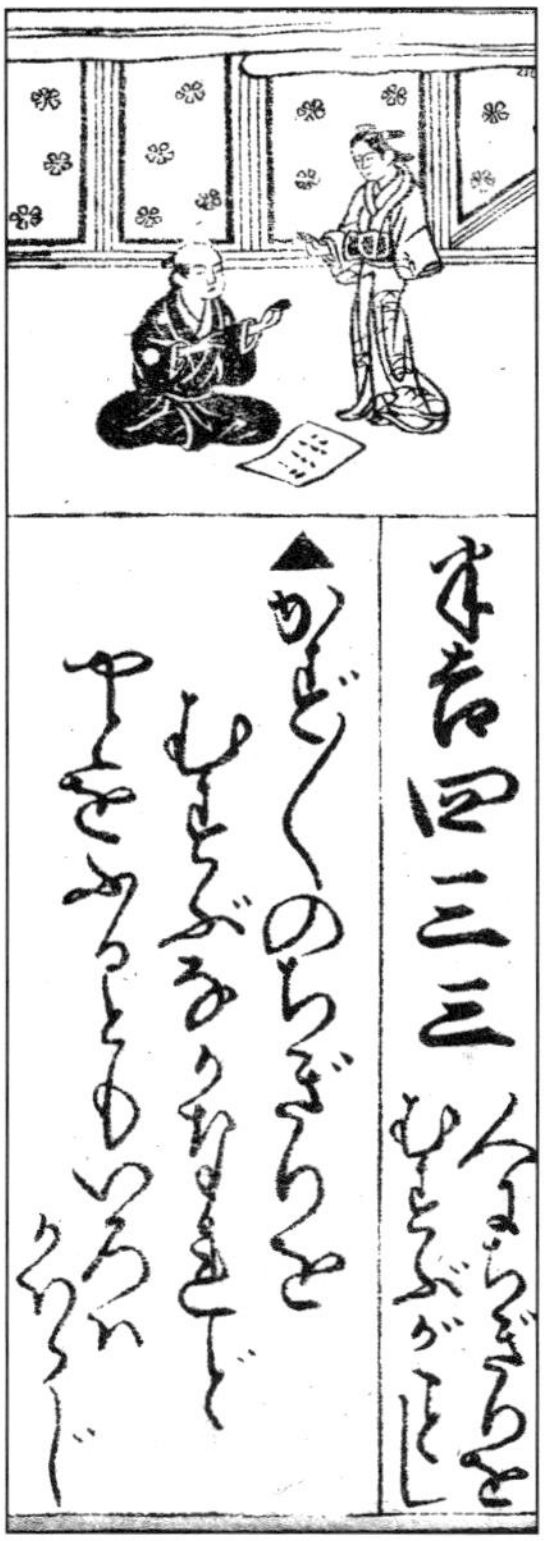

翻刻と字母

半吉　四三三　人にちぎりを《尓知幾利遠》　むすぶがことし《武春不可己止之》
▲かず《加春》くのちぎりを《乃知幾利遠》
むすぶなかなれど《武春不奈可奈連止》
やとをふるともいろは《也止遠不留止毛以呂八》
かはらじ《可八良之》

校訂本文

半吉　四三三　人に契りを結ぶがごとし
数々の契りを結ぶ仲なれど宿を振るとも色は変はらじ

現代語訳

半吉　四三三　人と契りを結ぶようなものだ

いくつもの契りを結ぶ関係だが、たとえ亭主を振ってもその美しさは変わらないだろう。

歌のテーマ

魅力。約束。変わらないもの。

占いメッセージ

あなたの魅力がいっそう輝くとき。やりたいと思ったことに挑戦してみましょう。たとえうまくいかなかったとしても、評価が下がることはなく、チャレンジしたことが認められるでしょう。挿絵には身請けされた遊女が描かれており、襖の桜柄が明るさを示しています。これから進んでいく道に山があったとしても、その先には、さらに魅力を増したあなたがいるはずです。自信を持って持ち前の魅力を最大限に活かすことを意識してください。

挿絵

証文をはさんで立つ遊女と座る男。

挿絵のモチーフ

黒紋付袴《はかま》姿の男。証文。芝草文様の着物に前結びの帯の遊女。桜柄の襖《ふすま》。

くずし字のポイント

✔「かはらじ」の「ハ（八《は》）」は「り（利《り》）」に類似。

四三四　十五やの

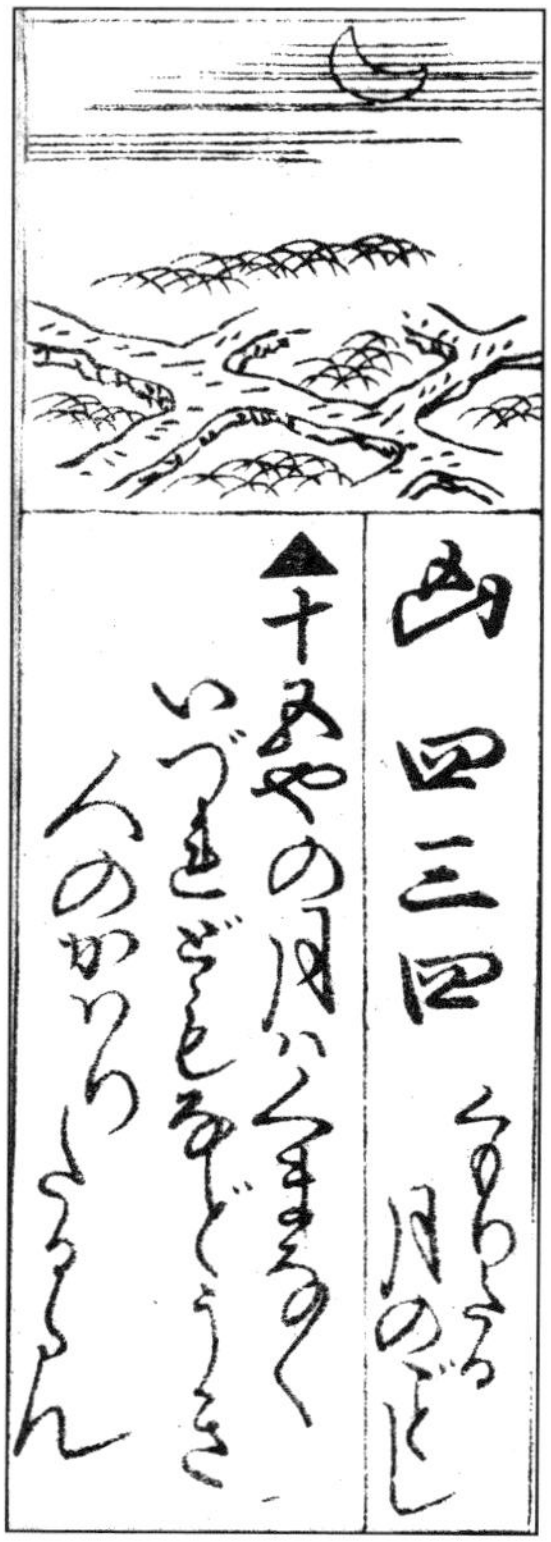

翻刻と字母

凶　四三四　くもりたる《久毛利多留》　月のごとし《乃己止之》
▲十五やの《也乃》月はくまなく《八久末奈久》
いづれどもなどうき《以川連止毛奈止宇幾》
人のかはりたるらん《乃加八利多留良无》

校訂本文

凶　四三四　くもりたる月のごとし
十五夜の月はくまなく出《い》づれどもなど憂き人の変はりたるらん

現代語訳

凶　四三四　曇っている月のようなものだ

十五夜の月は変わらず明るく出ているというのに、どうしてつれないあの人は心変わりしたのだろう。

歌のテーマ　変化。不変。

占いメッセージ　状況が急に変化しやすいとき。あなた自身は十五夜の月のように美しいままですが、まるで雲がかかったかのように、周囲の状況や身近な人の心が変わってしまうかもしれません。急な変化にとまどったり不安になったりするかもしれませんが、それはあくまでも一時的なことです。自分が大切にする軸や信条に基づいて行動していれば、いずれ状況は変わります。内面の輝きを意識して、少しの変化に動じることなく落ち着いて対処しましょう。

挿絵　雲に隠れた月の下に秋の田。

挿絵のモチーフ　秋の田。稲。月。薄雲。

くずし字のポイント

✔「」（多留良无《たるらん》）は文字の切れ目に注意。

✔（五）のくずし字は重要なので覚えましょう。

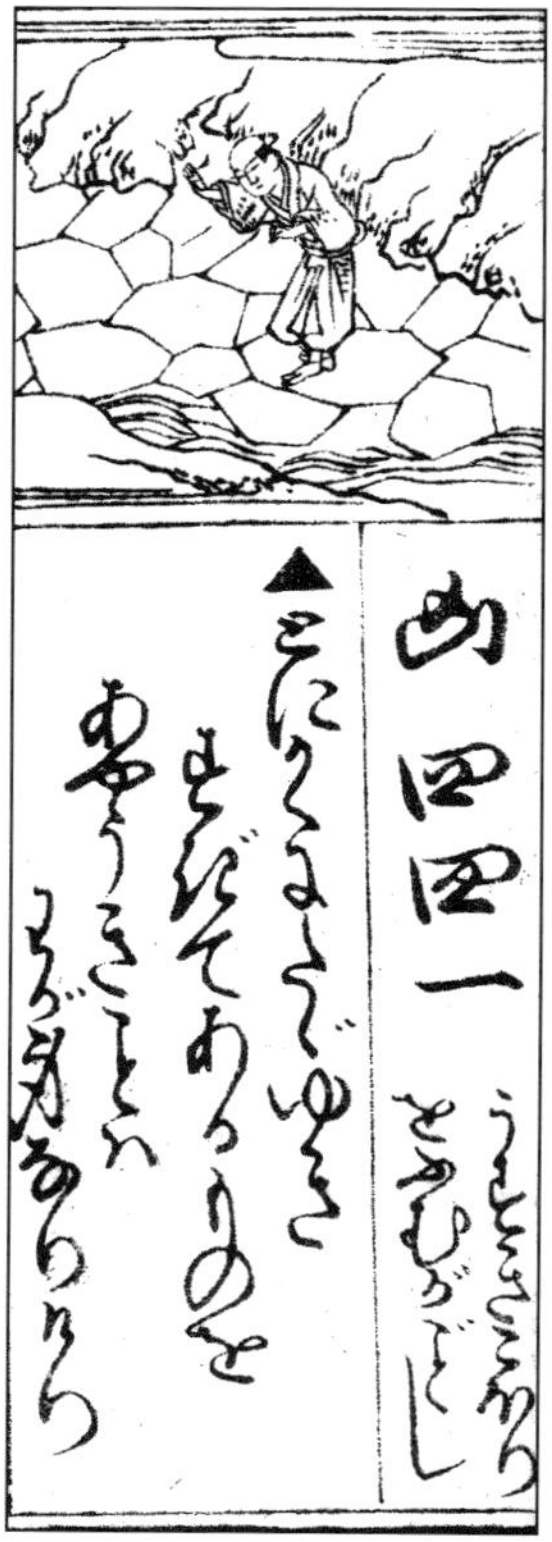

翻刻と字母

凶　四四一　うすきこほり《宇春幾己本利》　をふむがごとし《遠不武可己止之》

▲とにかくにたゞゆき《止仁可久尓多由幾》

すぎてあるものを《春起天安留毛乃遠》

あやうきことは《安也宇幾己止八》

わが身なりけり《王可奈利介利》

校訂本文

凶　四四一　薄き氷を踏むがごとし

とにかくにただ行き過ぎてあるものを危うきことは我が身なりけり

現代語訳

凶　四四一　薄い氷を踏むようなものだ

とにかく、ただこうして行き過ぎているのは、なんとも危なっかしい自分の身なのだなあ。

歌のテーマ

不安。危険。試練。

占いメッセージ

慎重に進めましょう。着実に一歩ずつ進むことが解決の糸口となります。薄氷のような危険に気を取られ、まわりに目配りできない状態になっていませんか。こんなときこそ、過去を振り返りつつ、先をしっかり見据えることが好転するきっかけとなるのです。とはいえリスクを顧みないのは禁物です。あくまでも注意深く物事を進めていきましょう。挿絵の男の後ろに陸地があるように、ときには戻って考え直すことも重要です。

挿絵

男が薄氷の上をおそるおそる歩いている。

挿絵のモチーフ

陸。薄氷を渡る着物姿の男。水流。

くずし字のポイント

✔「とにかく」の「く(久《く》)」は踊り字「〱」に類似。

四四二　いまでは

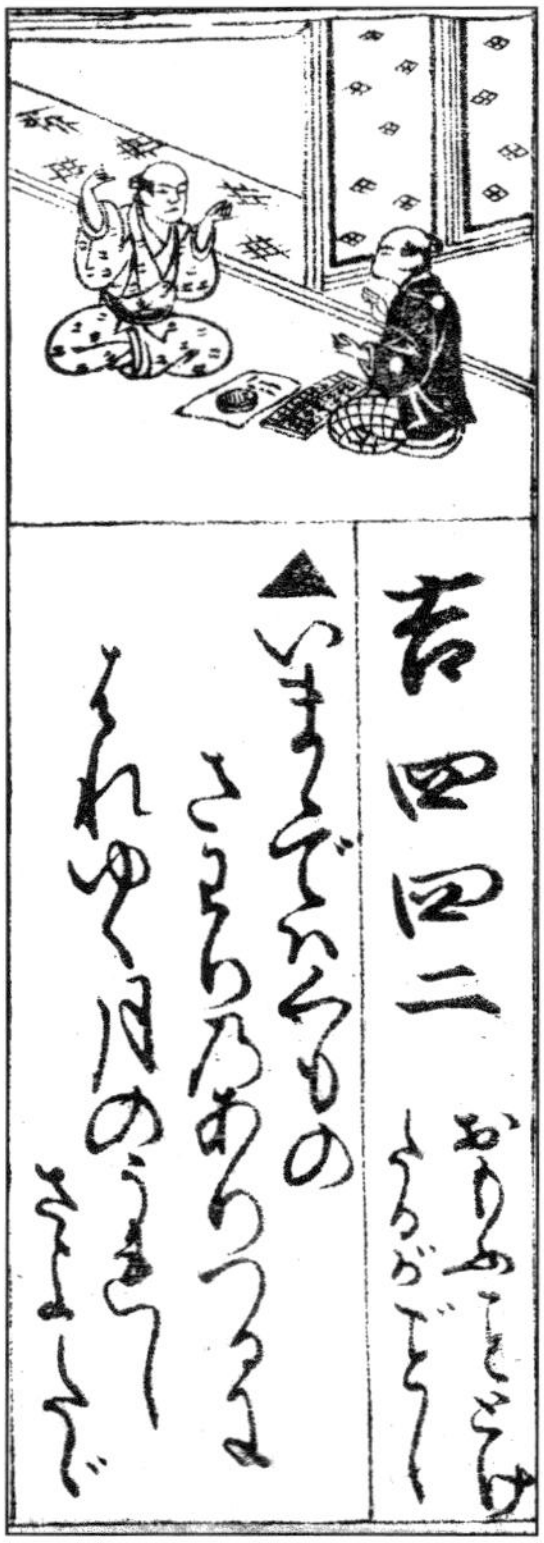

翻刻と字母

吉　四四二　おもふこととけ《於毛不己止止計》　たるがごとし《多留可己止之》
▲いま《以末》ゝでは《天八》くもの《久毛乃》
さわりのありつるに《左王利乃安利川留尓》
はれゆく《者礼由久》月のうれし《乃宇連之》
さよた《左与多》ゞ

校訂本文

吉　四四二　思ふこと遂げたるがごとし
いまでは雲の障りのありつるに晴れゆく月のうれしさよただ

現代語訳

吉　四四二　思いを遂げたようなものだ

今までは雲に遮られていたけれど、空が晴れて月が見えるようになって、ただただうれしい。

歌のテーマ

問題解消。達成。喜び。

占いメッセージ

停滞していたことが動き出し、願っていたことが実現するでしょう。明確な目標を持ち、人間関係を大切にすると、よりスムーズに願いが叶えられます。重要なのは、挿絵の人物がよく話し合っているように、まわりの人の話をよく聞き、こまめに相談することです。挿絵にそろばんが描かれていることから、メリット・デメリットをよく計算しながら話し合い、計画的にものごとを進めていくと、よりいっそうの発展が期待できるでしょう。

挿絵

紙とそろばんをはさんで、二人の男が話し合っている。

挿絵のモチーフ

黒紋付の羽織に格子柄の着物の男。二崩し柄の着物の男。そろばん。紙。小判。菱文様の襖《ふすま》。井桁《いげた》柄の壁紙。

くずし字のポイント

✔「ありつるに」の「（尓《に》）」は「（与《よ》）」に類似。

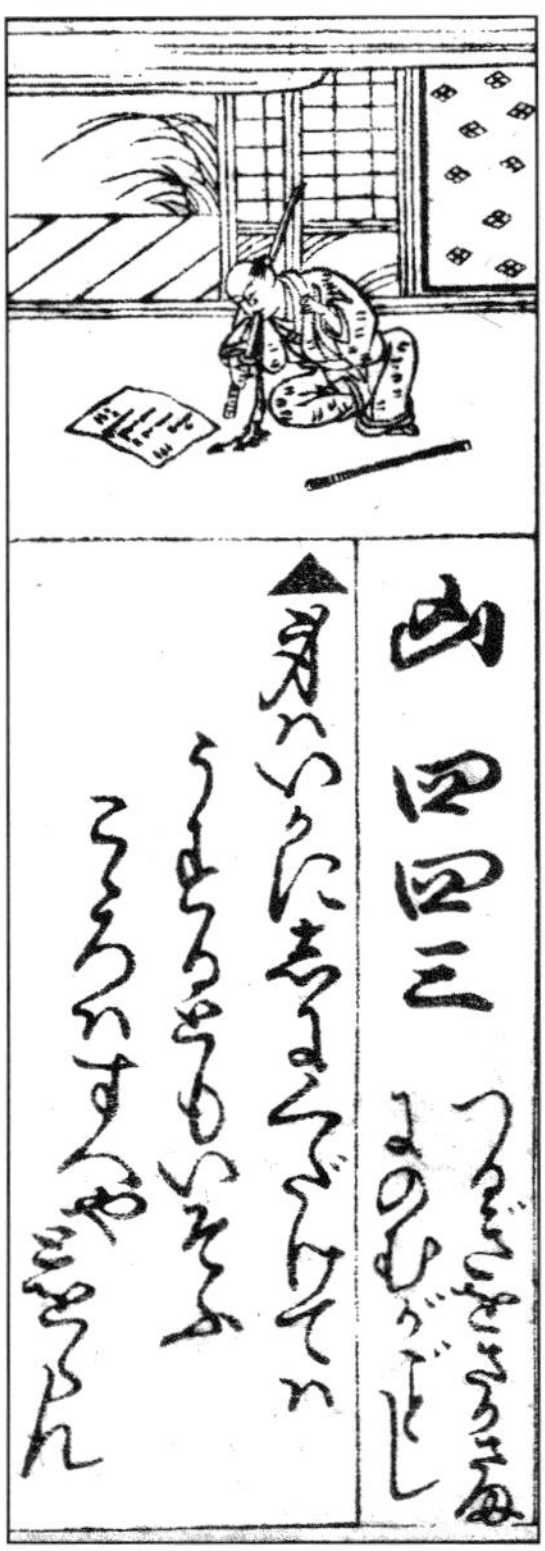

翻刻と字母

凶　四四三　つ《川》る《留》ぎ《幾》を《遠》さ《左》か《可》さ《左》ま《満》　に《尓》の《乃》む《武》が《可》ご《己》と《止》し《之》

▲身は《八》い《以》か《可》に《仁》し《志》に《尓》く《久》だ《多》け《計》て《天》は《八》
う《宇》す《春》る《留》と《止》も《毛》い《以》そ《曽》ふ《不》
こ《己》ゝろ《呂》は《八》す《寸》へ《部》や《也》と《止》を《遠》ら《良》ん《无》

校訂本文

凶　四四三　剣を逆さまに呑むがごとし
身はいかに死に砕けては失《う》するとも争《いそ》ふ心は末や通らん

参考

＊「争《いそ》ふ」は「先を争って仕事に励む、進んで働く」の意。

現代語訳

凶　四四三　剣を逆さまにして呑むようなものだ

この身が砕けて死んでなくなったとしても、先へ進めようと励む心があれば最後までやり通すだろう。

歌のテーマ

強い決意。行動力。完遂。

占いメッセージ

意志の強さが問われています。達成したい目標がある人は、どんなことがあっても最後までやり遂げてみせるという気持ちが大切です。目標をなし遂げて得られる満足感は、努力した人にしか味わえないもの。目標が高ければ高いほど達成するのはたいへんですが、途中であきらめることなく最後まで努力してください。目標が決まったら、達成のためにするべきことを具体的に書き出して目立つところに貼っておきましょう。モチベーションを保つことも重要です。

挿絵

男が刀を口に突き刺して自害している。

挿絵のモチーフ

着物姿の男。刀。刀の鞘《さや》。遺書。菱文様の襖《ふすま》。木目の障子。縁側。草。

くずし字のポイント

✔「さかさまに」「いかに」の「（可《か》）」は「（宇《う》）」に類似。

四四四　おきなかで

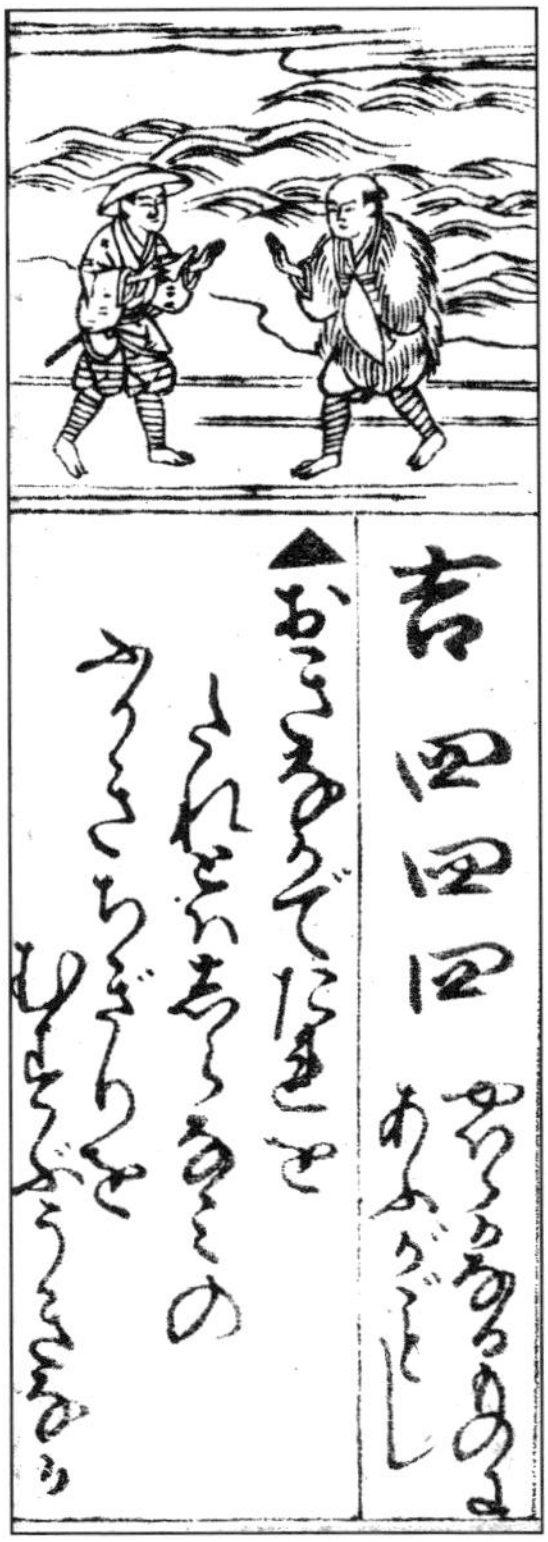

翻刻と字母

吉　四四四　やはらかなるものに《也八良可奈留毛乃尓》　あふがごとし《安不可己止之》

▲おきなかでたれを《於幾奈可天太連遠》
たれとはしらなみの《多礼止八志良奈三乃》
ふかきちぎりを《不可幾知幾利遠》
むすぶうきなか《武春不宇幾奈可》

校訂本文

吉　四四四　柔らかなる者に会ふがごとし
沖なかで誰を誰とはしらなみの深き契りを結ぶ浮きなか

参考

＊「誰を誰とはしらなみ」の「しらなみ」は、「知らない」という意に「白波」を掛けた表現。

現代語訳

吉　四四四　おだやかな者に会うようなものだ

海上で白波に揺られて浮子《うき》が出会うように、誰とも知らずに不意に出会った人と深い契りを結ぶのだ。

歌のテーマ

新たな出会い。親密な関係。約束。

占いメッセージ

出会いを楽しんでください。「類は友を呼ぶ」と言われるように、気の合う人たちが自然と集まり、いつのまにか仲良くなっていたという経験はありませんか。新しい環境で人間関係を一から築いていかなければならないときは不安な気持ちになるものですが、心配は無用です。気取らず、あなたらしくふるまっていれば、相性の合う人たちとの出会いに恵まれます。新しい人間関係は、あなたに発見をもたらしてくれるでしょう。

挿絵

大海を背に二人の男が出会っている。

挿絵のモチーフ

蓑と脚絆《きゃはん》をつけた男。笠をかぶり腰刀と脚絆をつけた男。白波の立つ浜辺。

くずし字のポイント

✔「やはらか」の「や(也《や》)」は「ゆ(由《ゆ》)」に類似。

『せいめい　うた占』　序

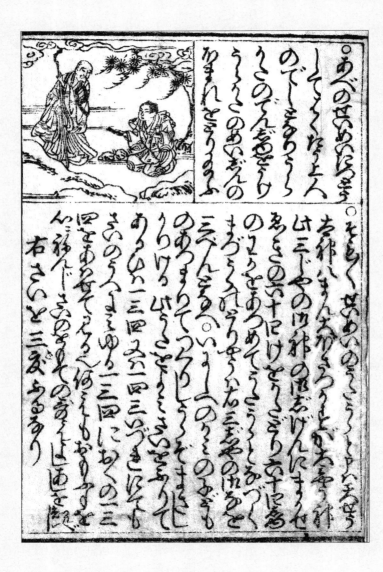

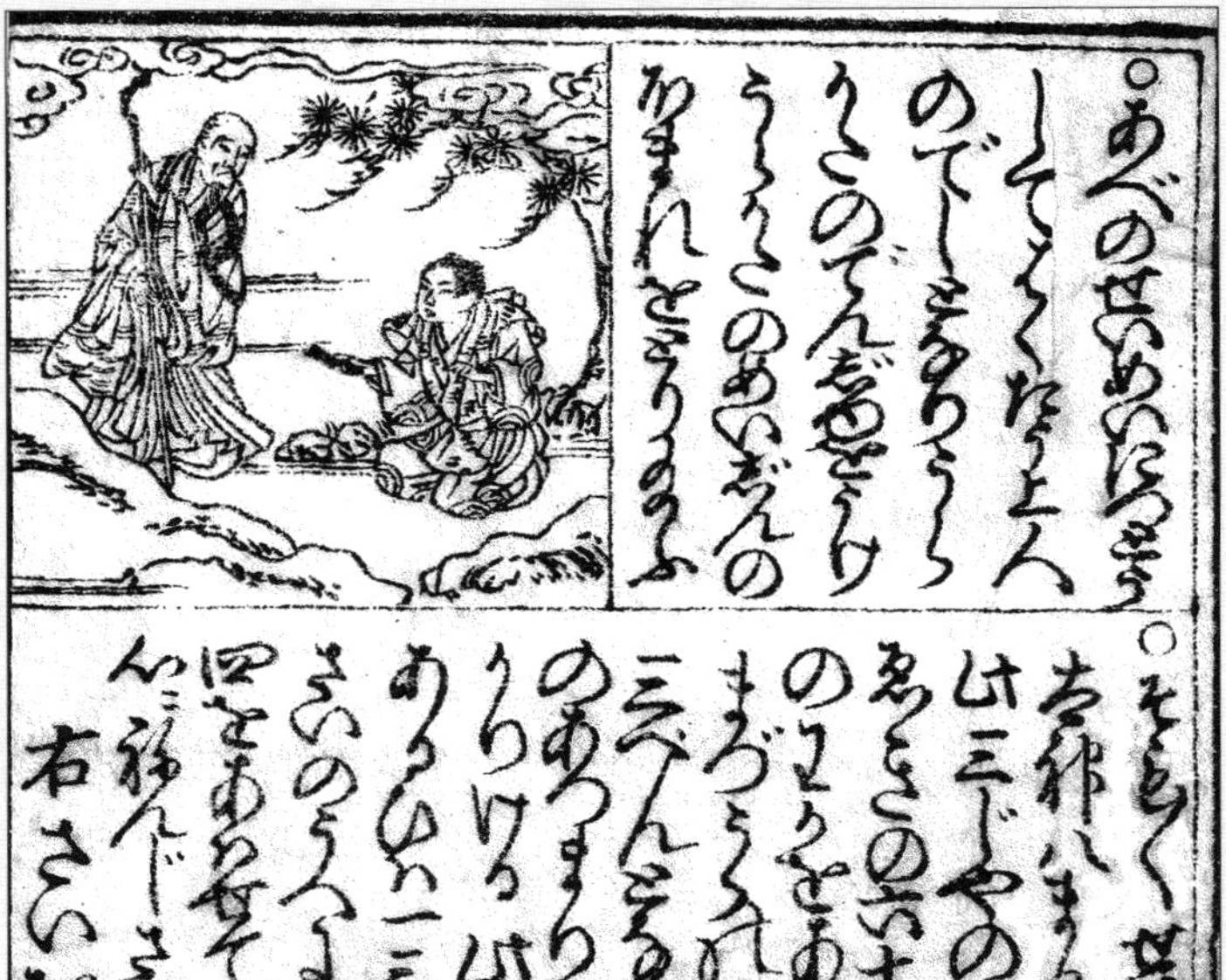

＊『せいめい　うた占』の原本には、安倍晴明が占いの名人として誉れ高かったことと、この歌占の由来や占い方を説明した序文があります。ここでは、原本の画像、翻刻と字母、校訂本文、現代語訳を掲載します。

翻刻と字母

○あべのせいめい《安部乃世以女以》、につとうして《仁川止宇之天》、はくたう《者久太宇》上人のでしとなり《乃天之止奈利》、うらかたのでんじゆをうけ《宇良可多乃天无志由遠宇計》、うらかたのめいじんのほまれをとり《宇良可多乃女以志无乃本末礼遠止利》給ふ《不》。

○そも《曽毛》くせいめいのうたうらと《世以女以乃宇多宇良止》申は《八》、天せう《世宇》太神、八まん《末无》大ぼさつ《本左川》、かすが《可春加》大みや《三也》う《宇》神、此三じやの《之也乃》御神の《乃》御じげんにまかせ《志計无仁末可世》、ゑきの《恵幾乃》六十四けをかたどり《計遠可多止利》、六十四しゆ《志由》のわかをあつめて《乃王可遠安川女天》、うたうらとなづく《宇多宇良止奈川久》。まづうらのとりやうは《末川宇良能止利也宇八》、右三じやの《志也乃》御なを《奈遠》三べんとなへ《部无止奈部》、○いにしへのかみの《以尓之部乃可三乃》子どものあつまりてつくりしうらぞまさしかりける《止毛乃安川末利天川久利之宇良曽末左之可利計留》、此うたをよみ《宇多遠与三》、さいをふりて《左以遠不利天》、あるひは《安留比八》一三四、又は《八》一四三、いづれにても《以川連仁天毛》、さいの《左以乃》うへにみゆる《宇部尓三由留》一三四に《仁》、おくの《於久乃》一三四をあはせて《遠安八世天》見る《留》也。何ニても《天毛》おもふ《於毛不》事を《遠》心ニねん《祢无》じ《之》、さいのをもての《左以乃遠毛天乃》哥ニて《天》、よしあしを《与之安之遠》知ルべし《部之》。

右、さいを《左以遠》三度《ど(止)》ふるなり《不留奈利》。

校訂本文

○安倍晴明、入唐して、伯道上人の弟子となり、占方の伝授を受け、占方の名人の誉れをとり給ふ。
○そも〳〵晴明の歌占と申すは、天照太神・八幡大菩薩・春日大明神、此三社の御神の御示現に任せ、易の六十四卦をかたどり、六十四首の和歌を集めて、歌占と名付く。まづ占のとりやうは、右三社の御名を三遍唱へ、○いにしへの神の子どもの集まりて作りし占ぞ正しかりける、此歌を読み、賽を振りて、或ひは一三四、又は一四三、いづれにても、賽の上に見ゆる一三四に、奥の一三四を合はせて見る也。何にても思ふ事を心に念じ、賽の表の歌にて、良し悪しを知るべし。

右、賽を三度振るなり。

現代語訳

○安倍晴明は唐の国へ行って伯道上人の弟子となり、占いの方法を伝受され、占いの名人として評判を得た。
○そもそも晴明の歌占と申すのは、天照太神・八幡大菩薩・春日大明神、この三社の神の御神の御霊験にしたがい、易の六十四卦になぞらえ、六十四首の和歌を集めて歌占と名づけたものである。まず占いの方法は、右にあげた三社の御名を三回唱えて、○いにしへの神の子どもの集まりて作りし占ぞ正しかりける（いにしえの神の子どもが集まって作った占いは的中したのだなあ）、この歌を読み、賽を振って、一三四や一四三など、どちらであっても、賽の表にあらわれる一三四に、本の中にある一三四を引き合わせて見るのである。どんなことでも思うことを心に念じ、賽の表にあらわれた歌で良し悪しを知ることができる。

右のようにして、賽を三回振るのである。

歌占
お悩み相談室

歌占の結果をどう読み解いたらいい？

そんなあなたのために、実際に寄せられたリアルなお悩みへの回答をご紹介します。

次の回答は、これまでに成蹊大学文学部の平野ゼミの学生がお悩みに合わせて和歌や挿絵を読み解いたものです。

具体的なアドバイスを知ることで、どうやって和歌からメッセージを受け取れるようになるかがわかります。

ぜひ自分で解釈するときの参考にしてください。

お悩み相談① りんさんの場合

恋愛

彼氏と付き合って約六年、恋愛感情がなくなった気がします……。

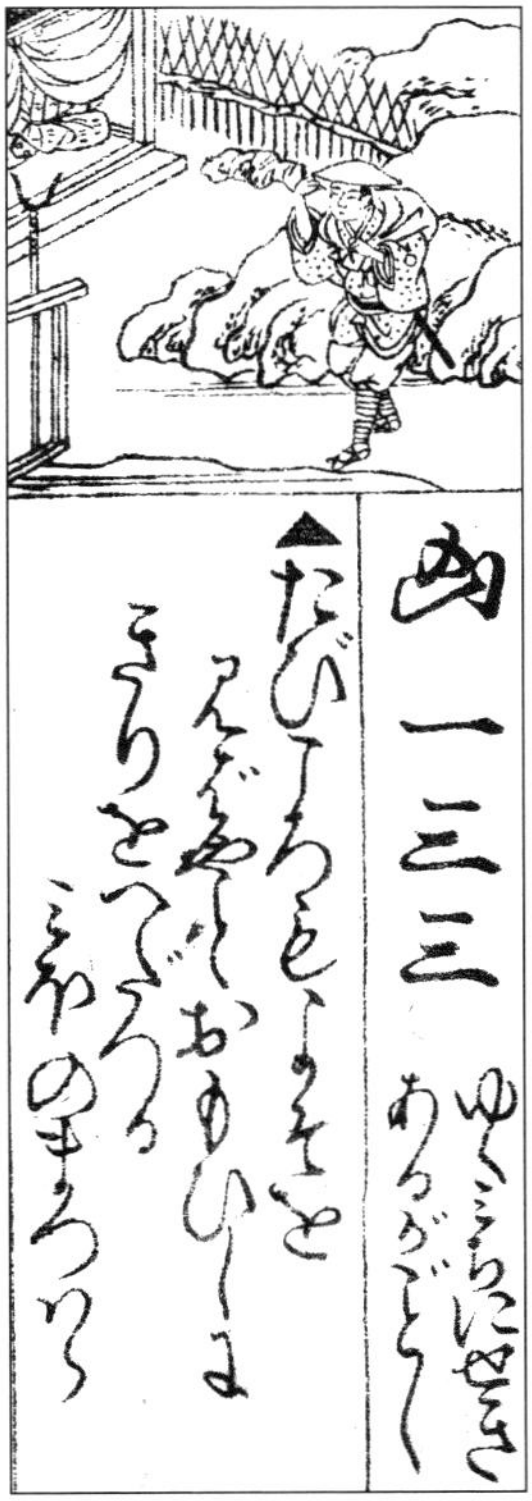

凶　一三三　ゆく道に関あるがごとし

行く道に関所があるようだ。

旅衣よそを見ばやと思ひしに霧をへだつる三保の松原《まつばら》

他の場所を見たいと思って旅に出たが、霧にへだてられて美しい三保の松原を見られなかった。

六年ほど付き合っている彼氏との間に恋という感情がなくなったような気がして、これからどうするべきかと悩んでいます。私としては続けたいのですが、相手がどう思っているのかわからないだけに不安です。アドバイスをお願いします。

開運アドバイス

りんさん、はじめまして。ちゃちゃまると申します。この度は、りんさんにとって大切な悩みをお話しくださり、ありがとうございます。少しでもお力になれますよう、心をこめてアドバイスさせていただきます。

まずはご相談内容について、改めて確認しましょう。

りんさんは、六年ほどお付き合いをされている彼との間に、恋という感情がなくなったように思っているのですね。そして、この先も関係を続けていきたいけれど、彼の気持ちがわからないから不安だ、ともあります。「あなたはどう思ってるの？」と素直に聞くことができれば楽なのですが、今後のことって、過ごした年月が長いとかえって聞き方に困ることもありますよね。

占いの結果は厳しいように見えますが、細かく読み解いていけば大切なメッセージが隠されているものです。一緒に考えていきましょう。

まずは神様からのメッセージであるお告げの和歌から読み解いていきましょう。和歌は次のように出ています。

旅衣よそを見ばやと思ひしに霧をへだつる三保の松原

他の場所を見たいと思って旅に出たが、霧にへだてられて美しい三保の松原を見られなかった。

ここで注目したいのが「よそ」です。こちらは古語で「離れた所、別の所」という意味とともに、「別の人、他人」という意味もあります。りんさんの悩みとあわせて考えると、「離れた所、別の所」＝「お二人の新たな展開」、そして「別の人、他人」＝「彼以外の男の人」という二つの解釈ができると思いませんか。

下句の「三保の松原」は、日本新三景の一つとされている美しい景勝地です。この和歌では「三保の松原」を目指して旅に出ているので、こちらを「お二人にとっての輝かしい今後」と解釈しましょう。それが「霧」によって「へだつる」、つまり遮られてしまう。

全体の解釈をあわせると、「お二人の関係を進展させようと新たな展開を計画しても、彼と別れて新たな恋を探しても、お二人にとってよい結果は得られない」というメッセージが受け取れるのです。

長い間付き合っていると、いわゆる「マンネリ化」状態になって、恋人との関係に飽きてきてしまうときもあるでしょう。りんさんはそれに気づいて、「恋愛感情がなくなったかも」と、ふと立ち止まった。しかし、りんさんのようにいったん歩みを止めることは、お互いの関係を考え直すきっかけになるよい機会になります。反対に、ここでお告げの和歌の旅人のように思い立ったままに行動してしまうと、思わぬ結果に直面してしまうかもしれません。

「図　一三三二」の後にある「**ゆく道に関あるがごとし**」（行く道に関所があるようだ）を見ていきまし

ょう。

「関」ということばに注目してください。「関」は古語で「物事をせきとめるもの」や「関所」という意味があります。つまり「関」が示すのは、お二人の関係を変えようと行動すると、かえって壁にぶつかってしまうことでしょう。先ほどの和歌のメッセージを裏づけていますね。

関所というのはそもそも、街道の要所や国境を通行する人を検査する場所です。お二人の関係に結びつけると、りんさんが恋愛感情について疑問を持ち立ち止まった「今」も、その要所といえるでしょう。そして、今後もお二人が人生という旅路を歩んでいくうえで、「要所」がいくつも待っていて、そこに出会うたびに、お互いが関係を見つめ直して乗り越えていくことになるのです。

最後に、挿絵をご覧ください。旅人は道をはばまれて一人きりでいます。今、りんさんもお二人の関係について、「一人で」悩んで「一人で」動こうとしていませんか。

この先も二人で歩んでいきたい、関係を続けていきたいとお思いなら、今の「要所」についてもお二人で考えていくべきではないでしょうか。

それでは、この占いの結果からアドバイスをお伝えします。

やはり相手がどのような気持ちなのかを知る必要があります。まずはりんさんの正直な思いを伝えてみましょう。

「恋愛感情がなくなったかも」と言いにくいのなら、「マンネリ化しているかも。でも長く付き合っているカップルなら必ず通る要所だよね！」なんて気楽に明るく言ってみるのもよいかもしれません。そして、「今後もあなたとカップルでいたい」という気持ちを真剣に伝えれば、きっとわかってくれるはずです。お二人の関係は六年間も続いているのですから、積み重ねてきた固い信頼がりんさんを支えてくれます。

ちなみに、マンネリ化解消の手段として、普段とは違う場所でデートをするというのはいかがでしょう。和歌に出てきた「三保の松原」は、周辺に富士山などの有名スポットがある美しい景勝地です。ぜひ一度、一緒に足を運んでみてください！

お二人がこれからも素敵な関係でいられますように。

お悩み相談② じょもりんさんの場合

仕事・就職

会社の業績不振で今後に不安が…。
どんな進路を選ぶべき？

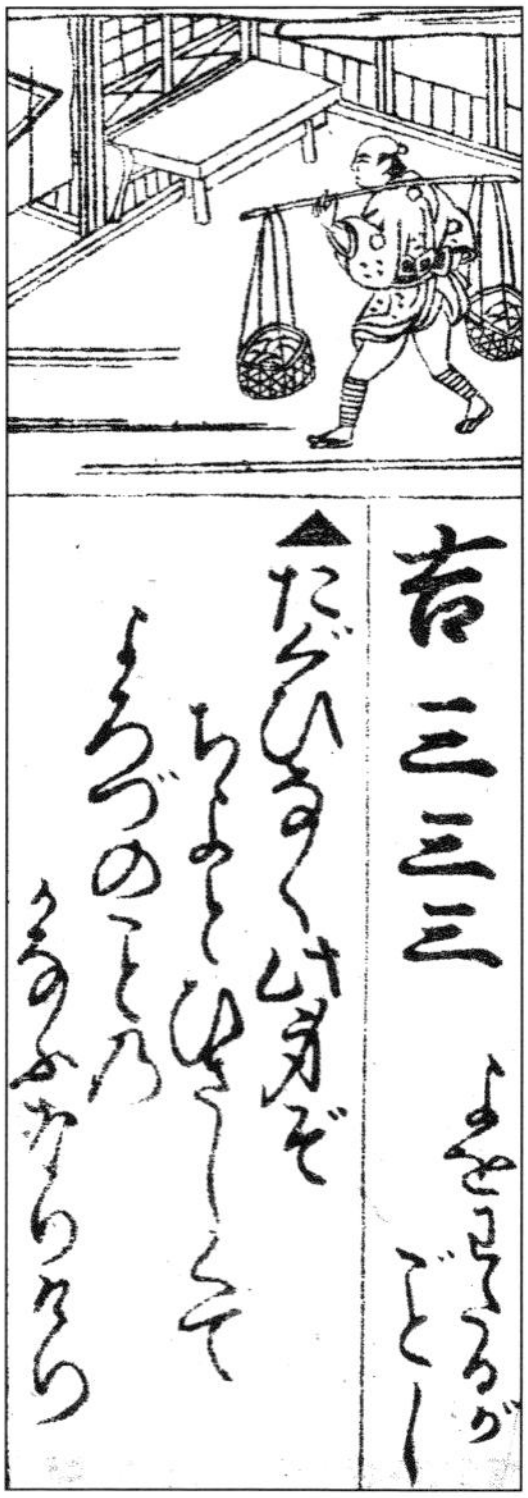

吉　三三三　世を渡るがごとし

世渡りをするようだ。

類《たぐひ》なくこの身ぞ千代と久しくて万《よろづ》のことの叶ふなりけり

この身は比類なくすばらしく、千年と思われるほど長く続いて、すべてのことが叶うのだなあ。

現在勤めている会社が業績不振で、今後の進路に迷っています。会社の人間関係は非常に良好なので、よい会社だと思う反面、業界内で給与水準が低く、業績不振から倒産が近そうという点が懸念点です。進路の候補は転職、大学院進学、起業のいずれかで、進路を決めるタイミングは、在職中に行うか、倒産ギリギリまで勤めるかです。在職中に進路を決定して精神的な安寧を求めるか、ギリギリまで勤続年数を積み重ねて退職金を積み増し、雇用保険を受給しながら進路を検討するかで悩んでいます。歌占の結果では、すべてが叶うということなので、在職中に起業しつつ、大学院進学も果たし、修了後に転職活動を行う方向で考えてみたいと思いますが、何かアドバイスがあればお願いいたします。

開運アドバイス

はじめまして！　今回占いを担当させていただきます、おみそと申します。

じょもりんさんは、現在お勤めの会社が業績不振のため、今後の進路にお悩みなのですね。実はこの和歌はもちろん挿絵にも、お悩み解決に繋がる具体的なメッセージが込められていますので、その読み解きをお手伝いさせてください。

類《たぐひ》なくこの身ぞ千代と久しくてよろづのことの叶ふなりけり

この身は比類なくすばらしく、千年と思われるほど長く続いて、すべてのことが叶うのだなあ。

前のページの和歌の通り、じょもりんさんが今やりたいと思っていることや学びたいこと、そして思い描いている将来像は、すべて叶っていきそうです。そのため、在職中に起業と大学院進学を果たし、修了後に転職活動を行うという「やりたいこと全部やってみよう」という計画、とてもよいご判断だと思います。

しかし、すべてを叶えていくには、少しだけコツが必要なようです。

それを知るために、挿絵を見ていきましょう。挿絵に描かれているのは、自らの足を動かして商品を売り歩く行商人が、お店に入ろうとしている場面です。「吉　三三三」の下には「**世を渡るがごとし**」(世渡りをするようだ)ともあります。

ここから読み取れるコツは二つ！

(1)自ら積極的に動き、自分をうまくアピールしていくこと

在職中にいろいろなことに着手するならば、周囲の人の信頼を得たり、人脈を広げたり、計画的に物事を進めたりすることが必要になるでしょう。挿絵に描かれている、目の前の人に対して商品をどう売り込むか考えながら世渡りをする行商人のように、目的を達成するには何をすべきか考えながら動いていくことがポイントです。

(2)バランスを考えながら動くこと

起業と大学院進学の両立。きっとその二つの両立は簡単なことではないと思います。そこで意識してほしいのは、二つのバランスをうまく取りながら行動することです。挿絵の男性は、天秤棒の両端に同じ重さの荷物を吊るして、バランスを取りながら荷物を運んでいます。これが傾いた状態

で歩き続けるのは、どんなに体力のある人でもしんどいはずです。安定した状態で長く歩き続けるために、何にどれだけ力を注ぐのか意識しながらチャレンジしてみてください。

じょもりんさんの未来が明るいものになりますように。心から応援しています。

おわりに

歌占の結果は、どうだったでしょうか？　この本のもとになった成蹊大学所蔵の『せいめいうた占』は、今から二百五十年ほど前、江戸時代に出版されました。令和のあなたと同じように、江戸時代の人たちも、人間関係や仕事、恋愛、病気、お金等々、いろいろなことに悩んで占ったことでしょう。

何百年も前の和歌が現代のわたしたちに響くのは、三十一文字という定型に支えられて千年を超えて続いてきた〈ことば〉に力があるからです。その〈ことば〉とじっくり向き合うために、この本には原本の文字と絵を掲載し、すべてのくずし字に元となった漢字（字母）を示しました。

くずし字を読めるようになりたい人は、この歌占で自分が引いた歌の文字を一つ一つたどってみてください。最初はくねくねした線にしか見えなかったものも、一首、二首と繰り返すうちに、意味を持ったものとして理解できるようになっていくはずです。

現代では凶のないおみくじが多いので驚くかもしれませんが、江戸時代のおみくじや占いには凶が三割以上ふくまれていました。この歌占でも凶を引いてショックを受けたかもしれませんが、吉凶は結果をわかりやすくするためのラベルでしかありません。本来の歌占は自分の悩みにあわせて和歌を柔軟に解釈するもので、吉凶は定まっていなかったのです。

それを意識して、この本の「占いメッセージ」は、吉凶にとらわれず、和歌が伝えるお告げのエッセンスを中心にお伝えすることをめざしました。とはいえ、本書の占いメッセージやテーマも絶対のものではなく、あくまでも参考です。大切なのは、あなた自身が和歌や挿絵と向き合い、自分のためのメッセージを受け取ること。そのためには、和歌や挿絵が全体として意味するものはもちろん、歌に詠みこまれたことばや挿絵のモチーフからもイメージを羽ばたかせてみましょう。占いを通して和歌と対話し、これまで見えなかった自分の気持ちに気づくことができたなら、あなたはもう歌占の達人です。

だまされたと思って、一日一回、この本で歌占を引いてみてください。毎日占うことがないという人は、「今日の自分にふさわしいメッセージをください」と願って引けば大丈夫です。毎日一首、自分の歌とゆっくり向き合えば、知らなかった自分に出会えるかもしれません。そして、いつの間にか、くずし字も読めるようになっていくと思います。くずし字からじっくり読むことで、和歌の〈ことば〉の力もより感じられるでしょう。一石二鳥とは、まさにこのこと。歌占を通して、あなたの毎日がすこしでも豊かなものになればうれしく思います。

この歌占は成蹊大学文学部日本文学科のゼミの学生たちとともに時間をかけて育ててきたものです。ゼミ生が原本のくずし字を解読して現代語訳やメッセージなどの草案をつくりました。本書はそれをさらにブラッシュアップして完成したものです。

二〇一八年に株式会社ネットアドバンスのご支援によりJapanknowledge特設サイト「開運★せいめい歌占」が開設され、コロンビア大学（米国）のシラネ・ハルオ先生と大学院生のお力添えで英語版のサイトもできました。本書の歌占はオンラインでも体験でき、世界にひらかれています。本書のサイトにはゼミ生たちが実際のお悩みに回答した開運アドバイスコーナーもあります。本書の「歌占お悩み相談室」はその一部です。

とはいえ、くずし字からじっくり読み解くことができて、お告げのメッセージや挿絵が詳しくわかるのは、本書ならではです。本書を手元において、くずし字から歌占に親しんでもらえたら、こんなにうれしいことはありません。

本書の編集では、柏書房の富澤凡子社長と粕谷千尋さんに、きめ細かなサポートをいただきました。成蹊大学のホームカミングデーで富澤社長と御縁ができて以来、企画から出版に至るまで、折りに触れて客観的かつ親身で前向きなアドバイスをいただき、たいへんお世話になりました。

この場を借りて、本書の出版にお力添えくださったみなさまと歌占の復興と普及に力を貸してくれている歴代のゼミ生に心から感謝申し上げます。

もっと歌占を知ってほしい。占いを通して自分の和歌に出会ってほしい。和歌から生きるヒントを得てほしい。歌占に縁のあるすべての人に幸せになってほしい。そんなささやかで大きな願いを胸に、これからも歌占の普及に向けて活動していきます。

この本をきっかけに、あなたの毎日がもっと豊かになりますように。

平野 多恵（ひらの・たえ）
富山県生。東京大学大学院博士課程単位取得退学。博士（文学）。成蹊大学文学部教授。日本中世文学、おみくじや和歌占いの文化史を中心に研究。著書に『おみくじの歴史』（吉川弘文館）、『おみくじのヒミツ』（河出書房新社）、『おみくじの歌』（笠間書院）、『歌占カード 猫づくし』（夜間飛行）など。

本書の執筆に協力してくれたゼミ生（五十音順）
芦澤美幸・雨宮佳菜・安藤滉・井ノ口絹太・江口萌・桑原珠苑・國分千咲・信濃凱斗・下園はるな・杉浦由佳・鈴木杏菜・鈴木結音・関根亜香莉・高屋敷大洋・高山遥花・遠山葉子・林胡桃・廣中夏未・福田佳音・藤田昇吾・三木愛佳・宮前陽里・村上茜・茂木あんず・山口未来・山崎あすか・吉田夕真・梁俊軒・若松朋音

くずし字《じ》がわかる　あべのせいめい歌占《うたうら》
三十一文字《みそひともじ》で知る神《かみ》さまのお告《つ》げ

2025年1月1日　第1刷発行

著　者　**平野多恵**
発行者　富澤凡子
発行所　柏書房株式会社
〒113-0033　東京都文京区本郷2-15-13
電話　（03）3830-1891［営業］
（03）3830-1894［編集］
装　丁　藤塚尚子（etokumi）
組　版　次葉
印　刷　壮光舎印刷株式会社
製　本　株式会社ブックアート

 Printed in Japan　ISBN978-4-7601-5581-1　C0095

くずし字一覧

あ安 阿 い以 う宇 え衣 江 得 お於 か加 可 閑 き幾 支 木 起 喜 く久

九 具 倶 け計 介・个 希 氣 遣 こ己 古 故 さ左 佐 し之 志 す寸 春 須

壽 數 せ世 勢 そ曽 所 楚 た太 多 堂 ち知 千 地 つ川 津 徒 都 て天

亭 帝 傳 と止 東 登 な奈 那 南 に仁 丹 耳 爾 ぬ奴 怒 ね禰 年 の乃

仮名	字母
	能
	農
	濃
は	波
	八
	半
	者
	婆
	盤
ひ	比
	日
	飛
	備
	悲
ふ	不
	布
	婦
へ	部
	遍
	弊
ほ	保
	本
	寶
ま	末
	万
	満
み	美
	三
	見
む	武
	無
	舞
め	女
	免
も	毛
	母
	茂
	裳
や	也
	屋
ゆ	由
	遊
よ	与
	余
ら	良
	羅
り	利
	李
	里
	梨
る	留
	流
	累
	類
れ	禮
	料
	連
	麗
ろ	呂
	路
わ	和
	王
ゐ	為
	井
ゑ	恵
	衛
を	遠
	乎
	越
ん	无
こと	
より	